# 世界夜景紀行

丸田あつし　丸々もとお

光文社新書

# はじめに

　30年前、夜景は単なる夜の景観として認知され、香港やニューヨークのような発展都市においてのみ観光対象となっていた。しかしながら現在はどうだろうか。夜景鑑賞はその街に滞在するモチベーションとなり、宿泊に結びつく観光資源として昇華するようになった。つまり「夜景観光」ということになるが、この言葉が誕生したのもここ10年そこそこで、急激に市民権を得てきたことになる。

　世界は広い。本書で掲載する夜景はごく一部で、私たちの知らない夜景は沢山ある。日本的な夜景の定義で言えば、夜の気配が感じられれば視覚的に夜景と捉えて良い。つまり、キャンドル1本、街灯1つでも夜の気配を感じ取ることができれば、その風景は夜景と言って良いのである。となると、世界の夜景は天文学的な数に至るだろう。

　となると、本書を刊行するにあたり夜景の選定は非常に困難を極めることとなったが、私の実弟の夜景フォトグラファーの丸田あつし氏は世界で最も夜景を撮影してきた第一人者であることから、彼の視点が大いに役立つことになる。発展を続ける都市はもちろんだが、ほぼ夜景として認知されていないほどの風景まで、世界中の夜景を対象にこれぞ知っていただきたい夜景を選出している。無論、夜景評論家としての兄の私としてもその選定に関わりつつも、「夜景観光」の視点や、夜景観光ブランドの観点から「世界夜景遺産」のページを特別に設けることになった。

　しかし、夜景とは何とも奥深いものだろう。とりわけ日本では「夜景観賞」ではなく「夜景鑑賞」と書くように、美術鑑賞と同じレ

ベルにある。つまり、目で楽しむだけでなく、その夜景の成り立ちや意味、私たちに与える情緒性までも感じ入る対象となっている。2021年、世界10か国の観光分野の代表者が一堂に集う「世界夜景サミット」を長崎で主催したが、その時参加されたフランスの新聞社の方でさえ、日本の夜景の観光資源化については驚いていた。シャンゼリゼやエッフェル塔などフランスは先進的な夜景観光都市と思いきや、それらは都市景観として理解され、情緒的な楽しみ方がないだけでなく、観光資源の中心になり得るものとして捉えていなかったのだ。夜景を眺めることと、夜景を観光資源として生かすことは別問題だったのである。

本年7月に、タイ・バンコクで第二回の「世界夜景遺産」の認定式が開催された。日本からは青森県むつ市の夜景が選出。第2次世界大戦後、世界で最も蛍光灯が普及したという日本の白く雪が積もったかのような夜景、かつ、その形態がアゲハチョウが舞うような姿から国内第一号となった。世界でも有名な香港のビクトリア・ピークの夜景と並んで。

そう考えていくと、本書で紹介する多くの夜景の中から、新たな「世界夜景遺産」が誕生する可能性も出てくる。その時、あなたはどの夜景を"推す"だろうか。いつか行きたい夜景を探す視点で楽しむだけでなく、"推しの夜景"を見つけて、応援することでその街の煌めきがより増してくるような楽しみ方もできるだろう。夜景は単なる電気の集合体ではなく、人々の生活やその街を愛する人々の思いによって輝いているだから。そんな自分の心を捉えてやまない夜景にひとつでも多く出会って欲しい。これが著者の願いでもある。

夜景評論家・夜景プロデューサー・イルミネーションプロデューサー
(一社)夜景観光コンベンション・ビューロー代表理事
**丸々もとお**

# Contents

はじめに……2

## 1 ヨーロッパ

【フランス】
パリ……10
グルノーブル……18
マルセイユ……22
リヨン……26
シストロン……30
ニース……33
【イギリス】
ロンドン……34
バーミンガム……40
リヴァプール……44
【オーストリア】
ウィーン……48
ザルツブルグ……54
ツェル・アム・ゼー……58
【オランダ】
アムステルダム……62
ザーンセスカンス……66
ハールレム……70
【アンドラ】
アンドラ・ラ・ベリャ……72
【イタリア】
ローマ……76
ナポリ……82
ヴェネツィア……84
【ギリシャ】
アテネ……86
ポロス島……90
【スイス】
ツェルマット……94
グリンデルワルト……98
ベルン……100
【スペイン】
バルセロナ……104
マドリード……110
バレンシア……114
ビルバオ……118
エルシエゴ……122
サラゴサ……126
サラマンカ……130
セビーリャ……134
トレド……138
【チェコ】
プラハ……142
チェスキー・クルムロフ……146
【スロバキア】
ブラチスラヴァ……148
【モナコ】……150
【エストニア】
タリン……156
【ラトビア】
リガ……160
【ロシア】
モスクワ……162
【ノルウェー】
ベルゲン……168
トロムソ……172
オーレスン……176
オスロ……180
【フィンランド】
ヘルシンキ……184
【ポルトガル】
ポルト……186
リスボン……190
【ベルギー】
ブリュッセル……192
ディナン……196
ゲント……200
アントワープ……204
【アゼルバイジャン】
バクー……206
【ジョージア】
トビリシ……210
【ドイツ】
ケルン……214
シュトゥットガルト……218
ミュンヘン……221
ハイデルベルク……222
ベルリン……226
エアフルト……230
フロイデンベルグ……232
【バチカン市国】……233

【コラム】世界夜景遺産……234

## 2 中東

【カタール】
ドーハ……………………244
【トルコ】
カッパドキア……………250
アマスヤ…………………254
イスタンブール…………258
アンカラ…………………264
【UAE】
ドバイ……………………268
アブダビ…………………276
シャルージャ……………280

## 3 北アメリカ

【アメリカ】
ニューヨーク……………284
ロサンゼルス……………292
サンフランシスコ………298
シカゴ……………………304
ラスベガス………………308
【カナダ】
カルガリー………………312
トロント…………………316
モントリオール…………320
バンクーバー……………324

## 4 南アメリカ

【ブラジル】
リオ・デ・ジャネイロ…330
ブラジリア………………336
【ペルー】
リマ………………………340
ワカチナ…………………344
【ボリビア】
ラ・パス…………………348

## 5 オセアニア

【オーストラリア】
メルボルン………………352
ブリスベン………………358
シドニー…………………362
【ニュージランド】
オークランド……………366
マウント・マウンガヌイ……370

## 6 アジア

【シンガポール】…………372
【タイ】
バンコク…………………378
アユタヤ…………………384
【ネパール】
カトマンズ………………386
パタン……………………390
【ブルネイ】
バンダル・スリ・ブガワン……394
【ベトナム】
ダナン……………………398
ホイアン…………………402
ホーチミン………………408

## 7 アフリカ

【マレーシア】
マラッカ……………………412
プトラジャヤ………………416
クアラルンプール…………418

【韓国】
ソウル………………………422
釜山…………………………424

【中国】
香港…………………………430
上海…………………………436
マカオ………………………440

【台湾】
九份…………………………442
台北…………………………446
高雄…………………………448

【ミャンマー】
ヤンゴン……………………452

【南アフリカ】
ケープタウン………………458
グラーフライネ……………464

【モロッコ】
フェス………………………466
カサブランカ………………470
シャウエン…………………472

おわりに……………………474
プロフィール………………476

※撮影期間が長期にわたるため、全ての写真に「撮影年・月」を記載しました。
※フィルムカメラとデジタルカメラで撮影した写真が混在しています。
　基本的に2008年撮影の一部と2009年3月以降の写真に関しては、デジタルカメラで撮影しています。

# 1 ヨーロッパ

近代的な街の中にも古い歴史を感じる欧州。
優雅な歴史的建造物や大聖堂の厳荘な姿、
街を見下ろす城跡など、
中世の面影が残る街並みが、
現代との共存の中で、
調和のとれた夜を生み出す。

# France : Paris

フランス：パリ

芸術や文化が息づく"花の都"パリ。夕暮れにシャンジュ橋と牢獄として使われた14世紀の王宮コンシェルジュリーが照らし出される。セーヌ河の煌めきと、遠くに少しだけ顔を覗かせたエッフェル塔が印象的だった（2019年3月撮影）。

街のいたるところから見えるエッフェル塔だが、間近で見るとやはり迫力がある。個人的に好きなのは北東側の池越しから。ライトアップに加え水面に反射するエッフェル塔の輝きも合わさり、さらに艶やかさと存在感が増す(2019年3月撮影)。

エッフェル塔から南東方面を望む。眼下にシャン・ド・マルス公園、左上に輝くのがナポレオンが眠る霊廟があるアンヴァリッド廃兵院。シンメトリーに広がる道路が印象的だ(2019年3月撮影)。

エッフェル塔から望む北方面。左下からドゥビリ橋、アルマ橋、アンヴァリッド橋、アレクサンドル3世橋と続く。セーヌ河にはいくつもの橋が架かり、それぞれがライトアップされ、魅力的な景観をつくり出している(2019年3月撮影)。

凱旋門とシャンゼリゼ通り。行き交う車のライトさえも絵になるのは、おそらくシャンゼリゼ通りが凱旋門に向かってゆるやかな上り坂になり、立体的に見えるからであろう。冬季は街路樹にイルミネーションが加わり、さらに輝きを増す(2019年3月撮影)。

マジックアワーを迎えたセーヌ河の煌めき。セーヌ河は全長780kmあるが、パリだけで37の橋が架かる。多くの個性的な橋がライトアップされているので、川沿いをのんびり夜景散策するのは、とても楽しい(2019年3月撮影)。

黄昏時にサン=ルイ島に架かるトゥルネル橋からノートルダム大聖堂を望む。火災が起きる約2週間前の貴重なカット。正面から見る大聖堂はもちろん素晴らしいが、裏側から見る別の表情にも趣がある(2019年3月撮影)。

4区のジェスヴル河岸とシテ島のコルス河岸を結ぶノートルダム橋。この場所はパリで初めて橋が架けられたところである。橋の原型は古代ローマ時代で、現在にいたるまで何度となく架けかえられた(2019年3月撮影)。

しゃれたカフェやレストランが多いパリ。ジェヴル通りとシャトレ広場の交差点で目にしたブラッセリー「LE MISTRAL」もそのひとつ。軒先の赤いテントと、間接照明で照らされた古い建物の組み合わせが良い雰囲気だった(2019年3月撮影)。

パリ地下鉄シテ駅の入口。アール・ヌーヴォー時代に活躍した建築家エクトル・ギマールが1900年開催のパリ万博時にいくつもの地下鉄の入口をデザインした。生活で目にする何気ない部分も、洗練されているように感じる(2019年3月撮影)。

フランス国旗の色にライトアップされたパリ警視庁の建物。調べてみるとエッフェル塔をはじめ、凱旋門やフランス国会議事堂などもトリコロール色にライトアップされたことがあるようだ(2019年3月撮影)。

世界三大劇場のひとつに数えられるパリのオペラ座(オペラ・ガルニエ)。ナポレオン3世が大規模なパリの都市改造計画の中で社交場として建設を命じた。ネオ・バロック様式の外観と内装は豪華絢爛(2019年3月撮影)。

# France : Grenoble

フランス:グルノーブル

グルノーブルはフランス南東部に位置するアルプス山脈麓の街。19世紀に再建されたバスティーユ城砦に登れば、街の全景とアルプスの山々が広がる。視界は約270度。晴れた日にはモンブランも望める(2023年5月撮影)。

バスティーユ城砦から東方面を望む。いつの時代のものかは不明だが、左に見えるのは城砦跡のひとつだろう。撮影当日はやや雲が多く視界もクリアではなかったので、残念ながら遠景の山々は見えなかった(2023年5月撮影)。

ヴィル庭園の裏手にあるゴルド広場。右側の大理石でつくられた羊飼いの像は、1937年に噴水の上に設置された。ここから東方面に歩いて行った一帯は、バーやレストランがあり、夜遅くまで賑わうエリアだった(2023年5月撮影)。

バスティーユ城砦から眺める西方面。イゼール川は城砦のある山の麓を大きく蛇行しながら流れていく。地形的に考えてもここに城砦をつくった理由が理解できる。もう少し天気が良ければ、空の美しいグラデーションが見られただろう(2023年5月撮影)。

コラト道路から眺めるイゼール川とバスティーユ城砦。中央の山上に光るのは、球体をしたロープウェイの発着所。川を眼下に展望台に向かうので、なかなかスリルがある。対岸の川沿いにはレストランの明かりが輝く(2023年5月撮影)。

# France : Marseille

フランス：マルセイユ

フランス南部に位置する港湾都市マルセイユは、プロヴァンス地方の中心都市。
旧港北側の高台からは、丘の上で輝くノートルダム・ド・ラ・ギャルド・バジリカ聖
堂と、港に係留された多くのヨットが望める（2024年5月撮影）。

2013年に開館した欧州・地中海文明博物館は、透かし模様に覆われた外壁を通して、ブルーの光が拡散する斬新なデザインだった。2002年にコンペで優勝したフランス人建築家ルディ・リチョッティの設計（2024年5月撮影）。

ヴォードワイエ通りからマルセイユ大聖堂を望む。1893年に建設されたネオビザンチン様式のローマカトリック教会で、ストライプ模様の外観が新鮮だ。視界が海へ開けているので、のんびり佇む人も多かった（2024年5月撮影）。

1653年に建設されたマルセイユ市庁舎は、小ぢんまりとした建物だが華やかさがある。旧港に面して建つので、きっと窓からの景色は抜群だろう。第2次世界大戦のドイツ軍空襲でも破壊されなかった歴史的建造物のひとつ（2024年5月撮影）。

旧港にあるイギリス人建築家ノーマン・フォスターによる巨大な鏡。虚実の共存が面白い。人々の位置によって常に表情が変わるので、影のバランスも考えながら、何枚もシャッターを切った中の1枚（2024年5月撮影）。

フランス／マルセイユ

# 🇫🇷 France : Lyon

フランス：リヨン

パリ南東470kmに位置するフランス第2の都市リヨンは、毎年12月に開催される光の祭典で知られている。華麗なリヨン市庁舎（正面）とリヨン美術館（右）に囲まれたテロー広場を、うっすらと照らす月光（2018年2月撮影）。

ミシュラン星付きレストランが多い"美食の街"として有名なリヨン。ブションと呼ばれるこの街特有のレストラン（大衆食堂）では、郷土料理が味わえる。迷い込んだ路地にも、美味しそうなレストランが集まっていた（2018年2月撮影）。

ソーヌ川に架かるサン・ジョルジュ橋とサン・ジョルジュ教会。赤く塗られた歩行者専用の吊り橋で、第2次世界大戦時に破壊され、後に再建された。夕刻に散歩する川沿いの遊歩道は格別だ（2018年2月撮影）。

リヨン裁判所はリヨンで最初にライトアップされた建築のひとつ。2018年に「最高の夜景をつくる」という目的で、市内約350か所もの歴史的建造物や名所がライトアップされた。山上に輝くのはフルヴィエール大聖堂(2018年2月撮影)。

フルヴィエール大聖堂のあるフルヴィエールの丘から望むリヨンの大パノラマ。左下はサンジャン大教会、真ん中の巨大な敷地のベルクール広場には、冬季になると観覧車が登場する(2018年2月撮影)。

# France : Sisteron

## フランス：シストロン

シストロンはフランスのプロヴァンス地方にある小さな街。標高485mの山間部にあり、垂直に切り立つジュラ紀の石灰岩"ボーム岩"が名物になっている。まるでテーマパークのような巨大岩とシストロンの街並み（2023年5月撮影）。

西側の山上から眺めるボーム岩(右)と城砦(左)。シストロンは1815年にナポレオンがエルバ島を脱出後、パリへ向けて行軍した際に立ち寄った街。城砦は11世紀から19世紀にかけて建築後、増改築された(2023年5月撮影)。

デュランス川東側の高台からシストロンの市街地と城砦を望む。左に見えている山は、上の写真を撮影した場所。日中に山頂まで登ったが、予想通り木々に遮られ視界が悪く、途中の山道から狙った(2023年5月撮影)。

# France : Nice

フランス：ニース

コート・ダジュールの中心地ニース。「天使の湾」と呼ばれる美しい海岸線は、国際的なリゾート地としての趣を感じる。写真はアルバン山から眺めるニースの海岸線。城跡公園に明かりが灯りはじめた（2006年11月撮影）。

現在ホテル「ネグレスコ」として営業しているのは、避寒で訪れた北ヨーロッパ貴族によって建てられた宮殿の代表格。エンジェル湾に面した豪華なスイートルームには、バルコニーが完備されている（2006年11月撮影）。

# 🇬🇧 United Kingdom : London

イギリス：ロンドン

ロンドンはイギリスおよびイングランドの首都で、世界的な大都市のひとつ。テムズ川西側の遊歩道からは、ウエストミンスター宮殿とビッグ・ベンを一望できる。7月の日没は遅い。22時過ぎに、ようやく夜景らしくなった（2014年7月撮影）。

「ロンドン・アイ」はイギリスのミレニアム記念事業のひとつとして1999年末に開業。当時は世界最大の観覧車であった。ビビッドなカラーにライトアップされたロンドン・カウンティ・ホールとの競演(2014年7月撮影)。

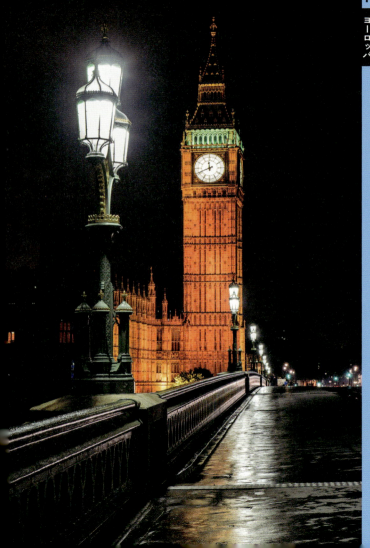

ウエストミンスター橋から眺めるビッグ・ベン。高さ96.3mの時計台で、ロンドンのランドマークであり、イギリスの象徴として現在も時を刻む。午前0時を過ぎるとライトアップが消灯し、まるで眠りに入るようだった（2014年7月撮影）。

1 ヨーロッパ

ユニオンジャックがはためくウエストミンスター宮殿のビクトリアタワー。陰影がディテールを引き立たせ、より威厳と重厚さを感じる。あやしげに見え隠れする月がドラマチックだった(2014年7月撮影)。

ミレニアム・ブリッジは、ノーマン・フォスターが設計した歩道橋。斬新なデザインだが、多くの通行者による横揺れで、開通後わずか2日で閉鎖。補強工事を余儀なくされた。奥に見えるのはセント・ポール大聖堂(2014年7月撮影)。

ミレニアム・ブリッジから望むサザーク橋とタワー・ブリッジ。この角度から見ると、まるでサザーク橋にタワー・ブリッジが載っているようで、不思議な景観だった。水面に反射する艶やかな光彩(2014年7月撮影)。

イギリス／ロンドン

# United Kingdom : Birmingham

# イギリス：バーミンガム

イギリス第2の工業都市バーミンガム。街は産業革命時代の遺産を残しつつ、最先端の都市に生まれ変わっている。SF的な近代建築は高級百貨店チェーンのセルフリッジズ。駐車場につながる渡り廊下も未来的だ（2017年4月撮影）。

2013年に開館したバーミンガム図書館。夜間はブルーにライトアップされていたが、日中は金銀の透かし細工をまとった華やかな外観が目を引いた。設計はオランダの有名な建築家集団メカノー。内部の中央吹き抜けを取り囲む本棚は圧巻(2017年4月撮影)。

ブルリングショッピングセンターエリアに建つ聖マーティン教会。中世の面影を残すゴシック建築の教会と、未来的なデザインのセルフリッジズが並ぶ。双方がお互いの建築を際立たせ、不思議な面白さがあった(2017年4月撮影)。

バーミンガムでは産業革命時代に多くの運河が引かれ、原料や製品の輸送に活躍した。現在は運河を活性化することで、観光に活かしている。商業施設が入るレンガづくりの建物。手前に停泊しているのは観光用の小型ボート(2017年4月撮影)。

百貨店セルフリッジズの前を通り過ぎる車の光跡。この通りはバーミンガム・ムーアストリート駅方面に向かうバス通りで、2階建てバスが頻繁に通過する。スローシャッターで車のライトを流して撮影(2017年4月撮影)。

イギリス／バーミンガム

# 🇬🇧 United Kingdom : Liverpool

# イギリス:リヴァプール

ビートルズ誕生の地として有名なリヴァプールは、かつて港湾都市として栄えた歴史をもつ。現在は再開発によって生まれ変わり観光業が盛んだ。アルバート・ドックの一角から、ロイヤル・リバー・ビルの時計塔を望む(2014年7月撮影)。

水面に美しく映り込むアルバート・ドック。煙突がある建物は、昔のポンプ場を改造してつくったレストラン「THE PUMPHOUSE」。その右奥にはマージーサイド海洋博物館がある。時折、月がうっすらと姿を見せていた(2014年7月撮影)。

リヴァプールの"三美神"と呼ばれている、ピア・ヘッドにある歴史的建造物群。手前からポート・オブ・リヴァプール・ビル、キュナード・ビル、ロイヤル・リバー・ビル。近くにはビートルズの銅像が建つ(2014年7月撮影)。

アルバート・ドック北側にあるリヴァプール出身のシンガーソングライター・俳優ビリー・フューリーの像。エルビス・プレスリーのようなルックスで、声まで似ていたそうだ。像は2003年にファンクラブによって建てられた（2014年7月撮影）。

重厚なレンガづくりのアルバート・ドックには、博物館をはじめショップ、レストランが入る。赤い柱が並ぶ建物の外周は雰囲気が良く、倉庫街だった風情を感じながら歩くのが楽しい（2014年7月撮影）。

# Austria : Vienna

オーストリア：ウィーン

オーストリアの首都で、音楽と芸術の都として知られるウィーン。街には荘厳で華麗な歴史的建築が点在する。名画の宝庫である美術史博物館もそのひとつ。広場の中央には、オーストリア大公妃マリア・テレジアの像が建つ（2023年6月撮影）。

バロック建築を代表するカールス教会。噴水の水面に映り込んだ姿はまるでだまし絵のようだった。何かのイベントが開催されていたのだろうか？　外のDJブースから大音響で音楽が流れ、教会から人々がどっと出てきた（2023年6月撮影）。

ウィーン市庁舎前の広場は年間を通して様々なイベントが開催される。ちょうど屋外で様々な映画が上映されるウィーンフィルムフェスティバルの準備中だった。運良くほんの数分の間、祭典用の試験点灯を見ることができた（2023年6月撮影）。

ホーフブルク王宮はハプスブルク家が建築した宮殿の中でも、世界最大級の広さを誇る。中には、図書館や美術館、博物館などが入る。ライトアップは少し黄色味が強く、ほかではあまり見ない色彩だった(2023年6月撮影)。

市民から"シュテッフル"の愛称で親しまれているシュテファン大聖堂は、モザイク模様の屋根が特徴的。ここからオペラ座までのケルントナー通りはウィーン屈指の繁華街のため、常に人で溢れ返っていた(2023年6月撮影)。

オーストリア／ウィーン

ライトアップされた色彩が深い橙色に見えたウィーン楽友協会。実は建物の正面寄りから撮影したかったが、工事中の囲いがあり断念。夜の臨場感を意識して、人物を象徴的に取り込み撮影（2023年7月撮影）。

ウィーンのとある路地。左側の建物で結婚パーティーが行われていたようで、外で従業員がなにやら相談中。路肩には花で装飾された車が停まっていた。奥に見えるのはカールス教会（2023年7月撮影）。

リング通りにあるギリシャ神殿のような建物は、オーストリアの国会議事堂。建築様式は古典的なギリシャ建築を基本にしている。2023年1月まで大規模改修が行われていた。白色に浮かび上がる姿が美しい(2023年6月撮影)。

グラーベン通りは歴史的建造物が建ち並ぶショッピング街で、数々のブランドショップが出店する。道の真んに建つモニュメントは「ペスト記念柱」。1679年に大流行した疫病の終息後に建てられた記念碑だ(2023年6月撮影)。

オーストリア／ウィーン

Austria : Salzburg

# オーストリア：ザルツブルグ

「塩の城」という意味を持つザルツブルグは、モーツァルト生誕の地として有名だ。街は中心を流れるザルツァッハ川を境に、新市街と旧市街に分かれる。まだ空に青さが残る時間帯に、白く浮かび上がるホーエンザルツブルグ城塞（2018年1月撮影）。

ザルツァッハ川沿いから旧市街方面を望む。この遊歩道はとても眺めが良く、散歩をする人も多い。中心地から少し離れると、ホーエンザルツブルグ城塞や大聖堂、教会が一望でき、風景的に魅力があった(2018年1月撮影)。

旧市街の路地裏散歩で出会った風景。正面は郷土色豊かな美しい木彫り工芸品を売る店。カッコウ時計や手彫りの置物、オルゴールなど、ショーウインドーを見ているだけでも楽しめた。淡いピンク色の壁が可愛らしい(2018年1月撮影)。

近代美術館はメンヒスベルクの岩壁の上にあるため眺めが良い。テラスからは、蛇行して流れるザルツァッハ川や旧市街、ホーエンザルツブルグ城塞まで一望。街灯で鋭角に浮かび上がる建物のラインが印象的だった(2018年1月撮影)。

カプツィーナ修道院に登る石段から望む旧市街方面。メンヒスベルク山の岩壁を白くライトアップしているのが見える。山上に建つ近代美術館へは、岩山を貫いたエレベーターで下から簡単に上ることができた(2018年1月撮影)。

オーストリア／ザルツブルグ

# Austria : Zell am See

# オーストリア：ツェル・アム・ゼー

ツェル・アム・ゼーはザルツブルグから鉄道で約2時間の小さな街。事前に下調べをし、タクシーでツェル湖畔を俯瞰できる撮影ポイントへ向かった。冬の凛と張り詰めた空気の中、雪に覆われた山々が際立つ(2018年1月撮影)。

雄大な自然に抱かれたアルプスのリゾート地ツェル・アム・ゼー。雪の残るツェル湖ほとりの大きなホテルは、眺めも良く最高のロケーションだ。中心地にも近いこのエリアは湖畔の遊歩道が整備され、とても雰囲気が良かった（2018年1月撮影）。

1 ヨーロッパ

小さなホテルや、カフェ、レストランが集まる湖西岸の観光エリア。クリスマスの飾りが残る小道を歩くと、手づくり感のある可愛らしい星の電飾に迎えられた。昼間の喧騒とは違い、静かで情緒を感じる夜の時間（2018年1月撮影）。

# Netherlands : Amsterdam

# オランダ：アムステルダム

160本以上の運河を持つオランダの首都アムステルダム。滞在から3日目、アムステル川沿いの遊歩道からムントの塔を望むと、夕暮れの美しいシークエンスに出会えた。クルーズ船から眺めるマジックアワーも格別だろう（2017年3月撮影）。

肩を寄せあうようにぎっしりと並ぶレンガづくりの家々は、アムステルダムの定番風景。水面に煌めくカラフルな光が眩しい。アムステル川に架かるハルフェマーンス橋付近から眺める対岸の風景は、特に可愛らしかった(2009年9月撮影)。

"世界で最もサイクリストに優しい街"に何度も選ばれているアムステルダムは、自転車王国。街中ではかなりの確率でしっかりと自転車用レーンが設けられている。アムステルダムの風景に溶け込む自転車の数々(2017年3月撮影)。

アムステルダム観光の定番といえば運河クルーズ。水上を移動しながら眺める街の風景は格別だ。この場所もクルーズ船が橋をくぐって通過するコースのひとつ。運河の夜景は、空の青さが残る時間帯が一番綺麗だ(2017年3月撮影)。

アムステルダム国立美術館は、レンブラントの「夜警」やフェルメールの「牛乳を注ぐ女」ほか、17世紀のオランダ絵画を所蔵する。近年、世界中の観光地で見かける、都市名のアルファベットオブジェが正面に設置されていた(2017年3月撮影)。

# Netherlands : Zaanse Schar

# オランダ：ザーンセスカンス

アムステルダム北西約15kmに位置するザーンセスカンスは、牧歌的な風景が広がる風車の村。夜景的には決して派手さはないが、夕刻にしっとりと浮かび上がる風車のシルエットには癒される（2009年9月撮影）。

緑色の壁と白い窓枠が可愛いらしい伝統的な木造家屋の家並みは、まるでおとぎ話の世界にいるようだ。村全体が野外博物館になっており、17、18世紀のザーン地方の町並みが再現されている。ほかにも木靴の工房やチーズ工房などもある(2009年9月撮影)。

ザーン川のほとりに静かに佇む風車。13基のうち3基が現役で稼働し、内部の見学が可能。写真の「De Kat」は、染料製造用の風車。木製の歯車が噛み合い、ギシギシと音をたてて回る。ほかにも製粉や製材、製油の風車がある(2009年9月撮影)。

# Netherlands : Haarlem

アムステルダムの西約20kmに位置するハールレムはオランダの古都。ニューヨークのハーレム地区の名称は、ここハールレムに由来する。スパールネ川に建つアドリアーン風車は1779年に建造。1932年に全燃し2002年に再建された（2009年9月撮影）。

# オランダ：ハールレム

スパールネ川沿いの夜景。右の重厚な建物はタイラース美術館。オランダ最古の美術館で芸術、自然史、科学などを展示する。中央の塔は巨大なパイプオルガンで有名な聖バフォ教会。かつてモーツァルトが演奏したという（2009年9月撮影）。

静まり返った水辺の風景。等間隔に並んだ街路樹が、道路に埋め込まれたアッパーライトで浮かび上がり、揺らぎのない水面にも姿を現す。オレンジ色の街灯に照らされた街並みとの組み合わせが艶やかだった（2009年9月撮影）。

# Andorra : Andorra la Vella

# アンドラ：アンドラ・ラ・ベリャ

アンドラ公国はスペインとフランスの国境に位置する小国で、スキーリゾートや免税ショッピングで知られている。中心地のホテルを出て、街の北西側にある山に登ると、雲ひとつない美しい夕景に出会った（2022年1月撮影）。

アンドラ・ラ・ベリャのメリチェイ通りは、大型モールやショップ、飲食店が並ぶ一番の目抜き通り。小さな広場の一角に国名"ANDORRA"のオブジェを見つけた。変化する文字色に合わせ数枚撮影(2022年1月撮影)。

サン・エステヴェ教会の南側で見つけた、カラフルに光る斬新なインスタレーション。何本もの高いポールの上に、膝を立てた人型オブジェが座っている。後ろの建物の照明も加わり、とても面白い風景になっていた(2022年1月撮影)。

アンドラ公国の首都アンドラ・ラ・ベリャの中心地にあるロトンダ広場。スペイン出身の画家サルバドール・ダリの描いた歪んだ時計のオブジェが置かれていた。昼夜問わず常に人で溢れていた観光客のフォトスポット(2022年1月撮影)。

観光案内所の向かいに立つクリスマスツリー。左のレストランにもイルミネーションが見える。まもなく1月が終わろうとしていたが、アンドラの夜の街に、華やかな輝きと彩りを添えていた(2022年1月撮影)。

# Italy : Rome

# イタリア：ローマ

古代遺跡や大聖堂など、文化と芸術を堪能できる世界的な観光地ローマ。テヴィレ川岸にあるサンタンジェロ城は、135年にローマ皇帝ハドリアヌスが自らの霊廟として建造を始め、4年後にアントニヌス・ピウスが完成させた（2019年4月撮影）。

古代ローマの公共広場であるフォロ・ロマーノ。北東部に位置するフォロ・ジュリアーノでは、遺跡の一部をスクリーンに見立てたプロジェクション・マッピングが行われ、ローマの歴史なども紹介されていた(2019年4月撮影)。

ライトアップされ遺跡のディテールが浮かび上がるアウグストゥスのフォロ(公共広場)。初代皇帝アウグストゥスによって建設され、かつて広場の奥には軍神(復讐の神)マルスの神殿が置かれていたという(2019年4月撮影)。

ローマ遺跡の代表格コロッセオ。全景をバランス良く撮れる場所は限られていたが、南側高台の植え込みに、わずかに視界が開ける場所があった。堂々とそびえるコロッセオは、間近で見るとより迫力がある(2019年4月撮影)。

ローマを代表する広場のひとつナヴォーナ広場。写真は広場に3つある噴水の中のひとつ「四大河の噴水」。彫刻家ベルニーニの代表作で、上部には皇帝がエジプトから持ち帰ったオベリスクが掲げられている(2019年4月撮影)。

イタリア／ローマ

テヴェレ川に架かるサンタンジェロ橋。両側には10体の天使の像が出迎える。橋を行き来する人の影が、角度によって様々に変化し面白かったので、位置や高さを変えながら、何度もシャッターを切った(2019年4月撮影)。

ヴェネツィア広場に面して建つ白亜の巨大建築は、ヴィットリオ・エマヌエーレ2世記念堂。イタリア統一に大きな役割を果たした、初代国王ヴィットリオ・エマヌエーレ2世の偉業を記念して建てられた(2019年4月撮影)。

高さ約40m、20個の巨大な大理石ブロックを積み重ねたモニュメント「トラヤヌスの記念柱」は、ローマ皇帝トラヤヌスのダキア戦争での勝利を記念したもの。113年に皇帝の墓として建てられた(2019年4月撮影)。

イタリア／ローマ

# Italy : Naples

**イタリア：ナポリ**

イタリア南部に位置するナポリは風光明媚な港湾都市。ポジリポの丘からはナポリ港をはじめ、遠くにそびえるヴェスヴィオ火山が一望できるが、残念ながらこの日は天気に恵まれなかった（2006年12月撮影）。

# Italy : Venice

ヴェネツィアはイタリア北東部に位置し、中世には海上貿易の中心地として栄えた"水の都"。アカデミア橋から眺めるサンタ・マリア・デッラ・サルーテ大聖堂と運河を行き交うヴァポレット（水上バス）の光跡（2006年11月撮影）。

# イタリア：ヴェネツィア

1 ヨーロッパ

サン・マルコ広場と高くそびえる鐘楼。広場に到着したのがちょうど夕方だったので、ホテルのチェックインは後回し。回廊の片隅でスーツケースから機材を取り出し、マジックアワーを逃さず撮影した（2006年11月撮影）。

ヴェネツィアは運河や路地が入り組んでいるので夜景散歩が楽しい。迷い込んだ小道で、1日の役目を終えたゴンドラ（手漕ぎボート）に出会った。エメラルドグリーンの水面に赤い電灯が映える（2006年11月撮影）。

# 🇬🇷 Greece : Athens

ギリシャ:アテネ

3000年以上の歴史をもちダイナミックな遺跡が残るアテネ。中でもアクロポリスの丘に建つパルテノン神殿には圧倒される。市街地で最も標高が高いリカヴィトスの丘に登ると、茜色に染まる空が出迎えてくれた(2019年2月撮影)。

アテナ・アルケゲテス門は、ローマ時代初期の市場（アゴラ）の跡であるローマン・アゴラ西側の門で、アテナイの守護神である女神アテーナーに捧げられた。後ろに見えるのはパルテノン神殿の明かり（2019年2月撮影）。

夜の散策で迷い込んだ路地。アクロポリスの丘のすぐ北にあるエリアで、レストランやバーなども多くナイトライフが盛んな場所。とても活気があり、階段に面して並ぶテラス席は、特に賑わっていた（2019年2月撮影）。

海抜277mのリカヴィトスの丘から西方面に広がる大パノラマ。山頂にはレストランやカフェのほか、19世紀に建てられた聖ゲオルギオス教会も建つ。左のモニュメントは聖堂横にある鐘楼(2019年2月撮影)。

アテネ中心部に位置するシンタグマ広場。周辺には商業施設や官庁も多く、常に多くの人が訪れていた。青くライトアップされた噴水の後ろに建つのは、白い大理石の柱が印象的な国会議事堂(2019年2月撮影)。

# Greece : Poros

# ギリシャ：ポロス島

ピレウス港からフェリーで約90分のポロス島はアテネの有名なリゾート地。オフシーズンだったためか、観光客はほとんど見かけなかった。南東の高台から眺める白壁の屋根の家々と残照に染まる空(2019年2月撮影)。

ポロス島の夜景散策。
上:一番雰囲気の良かった小道。地元の人が雑貨店の前で談笑中。
下:味のある看板のシーフードレストランと教会。海岸沿いはハイシーズンになると、多くのテラス席が並ぶ。

上：港に面して建つホテル。客室からの眺めが良さそうだ。後ろには丘の上に建つクロックタワーが見える。
下：小さな広場を囲むようにレストランが並ぶ(全て2019年2月撮影)。

# 🇨🇭 Switzerland : Zermatt

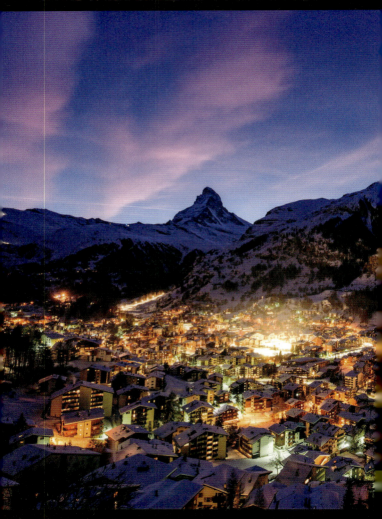

## スイス：ツェルマット

ツェルマットはスイス南部の山岳リゾート地で、名峰マッターホルンの麓の街。深夜近くに到着したが、明日に向けその日のうちにロケハンを済ませた。翌日、帯状の雲が残照に染まる、幻想的な光景に出会えた（2015年2月撮影）。

西側の高台からツェルマットの中心地を見下ろす。中央に見えるのは聖マウリティウス・ローマカトリック教会。その先には日本人観光客がよく集まることから名付けられた眺めの良い"日本人橋"がある(2015年2月撮影)。

日中のロケハンで西側の高台に十字架を見つけた。なぜここに十字架があるのかはわからなかったが、遮るものがなく撮影にはちょうどいい場所だった。日没後、明かりが灯る十字架が、澄み切った青い空に映える(2015年2月撮影)。

ツェルマットは環境保全のため、ガソリン車の乗り入れが禁止。全て地元の工場で製造された電気自動車以外は、馬車のみが街に入れる。夜明けを迎え活動を始める人たち。足早に送迎バスが通り過ぎる(2015年2月撮影)。

ツェルマットの建築物は伝統的な木造工法で建てられており、新しく建てる際も同様の建築工法が義務付けられている。山肌に並ぶリゾートホテルや別荘。屋根のふちを照明で装飾した建物も見られる(2015年2月撮影)。

グリンデルワルトはアイガーの北壁を目指す登山の拠点となる街。ツェルマットから登山列車で到着し、各所をロケハンしたものの、結局ホテルからほど近い民家の一角を借りて撮影。アイガーの圧倒的な迫力と美しさに息を飲む(2015年2月撮影)

# スイス:グリンデルワルト

1 ヨーロッパ

アイガーの夜明けを撮影するためにグリンデルワルト駅へ。雪をかき分け、向かいにある公園の高台に登った。背後には鎮座するアルプスの名峰。始発列車がホームに到着し、ここから街の1日が始まる(2015年2月撮影)。

# 🇨🇭 Switzerland : Bern

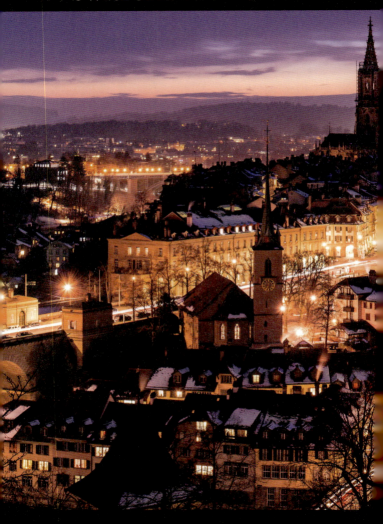

スイス：ベルン

中世の街並みが残るスイスの首都ベルン。湾曲するアーレ川に囲まれた旧市街を眺めるなら、バラ園手前の東側高台がベストスポット。夜への入口はワイン色に染まる印象的な空で始まった（2015年2月撮影）。

石畳と歴史を感じる建物が続く、旧市街のメインストリート「クラム通り」。奥に見えるのは、かつて旧市街の西門の役割を果たしていたという時計塔。"ツィートグロッケ・トゥルム"の愛称で市民に親しまれている(2015年2月撮影)。

ベルン中央駅の向かいにあるトラムのターミナル。トラムは全5路線あり旧市街を見て回るにはとても便利だ。大きな屋根に覆われた駅から、次々と発車していく。毎日繰り返される何気ない日常の夜景(2015年2月撮影)。

1 ヨーロッパ

カーブを描きながら連なる屋根に魅力を感じ、部分的に切り取った。実は数日前、別の街へ行く途中に車窓から見た時は、もう少し雪が残っていた。数日でかなり解けてしまい期待通りではなかったので、ぜひ再訪したい(2015年2月撮影)。

1902年に建立された連邦議事堂(国会議事堂)は、ドームのまわりにスイス26州の紋章が並ぶ重厚な建築。議事堂前のブンデス広場では、毎週開かれる様々なマーケットのほか、クリスマスマーケットも開催される(2015年2月撮影)。

スイス／ベルン

# Spain : Barcelona

## スペイン:バルセロナ

カタルーニャ地方の都バルセロナはスペインの中でも活気溢れる都市だ。中心地のカタルーニャ広場からバスに乗り、グエル公園の北側にあるカルメル要塞を訪れた。日が暮れた後も、思い思いのひとときを楽しむ若者たち(2022年1月撮影)。

当初の予定を大きく縮め、2026年に完成の目処がついたサグラダ・ファミリア。写真は北東側にあたる「生誕のファサード」。教会は巨大なので塔を先端まで眺めるなら、池のあるガウディ広場からが良い(2022年1月撮影)。

南西側に位置する「受難のファサード」。イエス・キリストの死がテーマで、ガウディの原画を元に1954年に建築が開始された。「生誕のファサード」に比べると、表面の質感がまだ新しい印象(2022年1月撮影)

カルメル要塞からはサグラダ・ファミリア教会をはじめ海岸線が一望。基本的にバルセロナの街の区画は、正方形を1ブロックとした集合体になっている。高台に上ると、その様子がよくわかる（2022年2月撮影）。

広さ約34000㎡のスペイン広場。中央のモニュメントはガウディの弟子ジュセップ・マリア・ジュジョルのデザイン。奥に見える2本塔は、ヴェネツィアにあるサン・マルコの鐘楼の影響を受けている（2022年1月撮影）。

スペイン／バルセロナ

「ラス・アナレス」は1900年につくられた闘牛場を改装したショッピングモール。屋上には360度見渡せるオープンエアの遊歩道があり、スペイン広場を眼下に、モンジュイックの丘が一望できる(2022年1月撮影)。

ガウディが増改築を手がけた「カサ・バトリョ」。建物のテーマは「海」で、色とりどりのタイルやステンドグラスと曲線を多用したデザインが魅力的だ。昼間とは違う顔を見せる、間接照明で浮かび上がるファサード(2022年1月撮影)。

フランスの建築家ジャン・ヌーヴェルが設計した「トーレ・アグバール」は水道会社のビルで、バルセロナ近郊にある奇岩の山の形状と噴き上がる水の形をイメージしてつくられた。カラフルな照明が異彩を放つ超高層ビル(2022年1月撮影)。

並木道が美しいグラシア大通りに面した「カサ・ミラ」は、ガウディが54歳の時に設計した。直線部分を徹底的に排除した建物で、地中海やカタルーニャの雪山をイメージしてつくられたという(2022年1月撮影)。

# 🇪🇸 Spain : Madrid

スペイン：マドリード

スペインの首都で芸術と文化の街マドリード。世界有数の規模を誇る美術館では数多くの芸術作品を鑑賞できる。交差点でひときわ目を引く華麗な建物は、ボザール様式のメトロポリス・ビル。黄金の女神が街を見下ろす（2017年4月撮影）。

シベーレス広場の遠景。2頭のライオンに牽引された大地の女神シベーレスの噴水の周りには、スペイン国旗がはためく。その向こうにはメトロポリス・ビルの頂上ドームで輝く黄金の女神が見える(2017年4月撮影)。

独立広場にあるアルカラ門は1769年から1778年にかけて、国王カルロス3世の命により建設された凱旋門。中央分離帯に三脚を設置して撮影。車のライトを長時間露光で流し、色彩的な対比をつくり出した(2017年4月撮影)。

アルマス広場を挟み王宮の向かいに建つアルムデナ大聖堂。完成まで110年の歳月を要し、1993年にはローマ教皇ヨハネ・パウロ2世による聖別を受けた。バイレン通りを挟んだ聖堂東側の高台は絶好の撮影ポイント（2022年2月撮影）。

マドリードの中心地にある円形のシベーレス広場にはシベーレス宮殿が建つ。もともと中央郵便局だったが、現在は市役所本部として使用されている。純白の壮麗な建築がひときわ目を引く（2017年4月撮影）。

# Spain : Valencia

スペイン：バレンシア

スペイン第3の都市バレンシアには、古い街並みと対照をなす魅力的な一面がある。
それが21世紀の科学都市をイメージしてデザインされた芸術科学都市。バレンシア
生まれの建築家サンティアゴ・カラトラバの未来的な建築が並ぶ(2017年4月撮影)。

バレンシア北駅の隣にあるバレンシア闘牛場は、ローマのコロッセオに着想を得て建てられた。闘牛以外の時期はフェアやコンサートなどに使われる。スペイン最大規模の闘牛場だけあり、迫力があった(2017年4月撮影)。

旧市街の中心エリアにあるバレンシア市庁舎は、開放的な市庁舎広場の正面に建つ。重厚かつ絢爛な建物は美術館と間違えてしまうほど。23時を過ぎても、行き交う人々が絶えなかった(2017年4月撮影)。

音と映像が楽しめる芸術科学都市の「レミスフェリック」(左) は、人の目をイメージしてデザインされた。右は「ウンブラクレ」。アーチ状の長い遊歩道で、内部では巨大な魚の骨の中にいるような感覚になる(2017年4月撮影)。

八角形のミゲレテの塔とゴシックバロック&新古典様式が混在する大聖堂。塔は14世紀末に完成。約200段のらせん階段を上った高さ51m部分に展望台があり、バレンシアの旧市街が360度見渡せる(2017年4月撮影)。

# Spain : Bilbao

# スペイン：ビルバオ

ビルバオはスペイン北部バスク地方の港湾都市。1990年代終わり頃からアートによる都市再生を進めた。そのひとつとして造船所があった川岸に建つグッゲンハイム美術館は、建築家のフランク・ゲーリー設計（2016年5月撮影）。

1892年に建築家ホアキン・ルコバの設計で旧修道院の跡地に建てられたビルバオ市庁舎。手前のモニュメントはスペイン出身の彫刻家ホルヘ・デ・オテイサ・エンビルの作品。夕刻に足早に通り過ぎる人々（2016年5月撮影）。

"新しい広場"を意味するヌエバ広場は、65年の建設工事を経て完成。取り囲む建物には商店、バル、レストラン、カフェテリアが並ぶ。撮影後、回廊の一角にあるバルに入り、名物のピンチョスを堪能した（2016年5月撮影）。

アルチャンダ公園から眺めるビルバオ市街のパノラマ。ケーブルカーを使い3分ほどで登ることができる。グッケンハイム美術館(左下)や高さ165mのイベルドローラ・タワー(中)など市街地を一望(2016年5月撮影)。

グッケンハイム美術館の巨大くも「ママン」は、彫刻家ルイーズ・ブルジョアが80歳を過ぎて制作した作品。世界に9体あり、ロンドン、ニューヨークほか、日本の六本木ヒルズ森タワー広場にも展示されている(2016年5月撮影)。

# Spain : Eltziego

## スペイン：エルシエゴ

ワインの産地で知られるエルシエゴ。2006年にオープンしたホテルマルケス・デ・リスカルは、建築家フランク・ゲーリーの作品。ぶどう畑に囲まれた石づくりの建物が並ぶ街並みの中で、ひときわ異彩を放っていた（2016年5月撮影）。

ホテルマルケス・デ・リスカルの撮影を終え、帰る途中に通った雰囲気の良い遊歩道。日没後のヨーロッパではオレンジ一色の夜景が多いが、街灯に照らされた植栽の緑が加わることで、新鮮な夜景に生まれ変わった(2016年5月撮影)。

メイン広場に面した酒屋。枝の絡み合うプラタナスの木と可愛らしい店先の雰囲気に惹かれ撮影した。エルシエゴはワインづくりの街だけあり、レストランでは驚くような安い値段でグラスワインが楽しめた(2016年5月撮影)。

東側の高台に位置するぶどう畑に囲まれた展望台から。木材のみでできた横長の展望台で、サン・アンドレス教会をはじめ、小さなエルシエゴの街が見渡せる。日中は散歩に訪れる人もいたが、夜は皆無だった（2016年5月撮影）。

街のメイン広場にある小さな教会。メイン広場といっても本当に小さく、ベンチ以外は何もない。教会と向かい合うように市役所が建ち、日中はその前で花や野菜を売る露店が出ていた（2016年5月撮影）。

# Spain : Zaragoza

# スペイン：サラゴサ

2000年以上の歴史をもつサラゴサはアラゴン州の州都。カトリック教会の聖堂ピラール聖母教会は、彩色タイルで飾られた丸い屋根が特徴的で、イスラム寺院のミナレットを思わせる外観だった。水面に映る教会の光が眩しい（2022年1月撮影）。

重厚なピエドラ橋は、旧市街と新市街の間を流れるエブロ川に架かる。以前の橋は1871年に崩壊し、1884年に現在の橋が建設された。橋上はピラール聖母教会の絶好のビュースポット。多くの観光客が撮影を楽しんでいた(2022年1月撮影)。

市役所とその奥にそびえるピラール聖母教会の塔。サラゴサはスペイン画家フランシスコ・デ・ゴヤ生誕の地であり、ここで宗教画家の地位を築いた。教会の荘厳なフレスコ画はゴヤが手掛けた(2022年1月撮影)。

1903年建造、1983年に修復されたサラゴサ中央市場。肉や魚介類、果物など、新鮮な食材が手に入り、庶民生活を身近に感じることができる場所。トラムの駅があるため、夜になっても周辺の人通りは多かった(2022年1月撮影)。

レストランやブティック、お土産屋が軒を連ねるアルフォンソ通り。歩行者専用道路で、北側はピラール聖母教会のあるピラール広場に突き当たる。街灯に吊り下がる花々が通りに彩りを添えていた(2022年1月撮影)。

# Spain : Salamanca

スペイン:サラマンカ

スペイン北西部に位置するサラマンカは、スペイン最古の大学がある街。旧市街の中心にあるマヨール広場を訪れた後、トルメス川を渡りローマ橋で三脚をセットした。石畳の橋を行き交う人々と輝くカテドラル(2022年2月撮影)。

サラマンカ大学は1218年にレオン王国アルフォンソ9世によって設立されたスペイン最古の大学。正面入口のファサードはプラテレスコ様式で、緻密な彫刻が素晴らしい。熱心にガイドに耳を傾ける人たちが集まる(2022年1月撮影)。

実業家ミゲル・デ・リスの邸宅をアールヌーボーとアールデコ美術館として公開。館内には2500点余りもの装飾芸術品が展示されている。美術館南側レクトール・エスペラベ通り付近から眺めるステンドグラスの外観はゴージャス(2022年2月撮影)。

26の半円アーチを持つ古代ローマ時代のローマ橋とカテドラル。カテドラルは12世紀ロマネスク様式の旧大聖堂と16世紀ゴシック様式の新聖堂がつながって建つ。次第に輝きを増してくる旧市街の夜(2022年2月撮影)。

たくさんのホタテ貝で装飾された外観が目を引く「貝の家」。15世紀後半に建てられた巡礼者を守る騎士団の家で、現在は図書館になっている。向かい合う建物とのファサードの違いに惹かれシャッターを切った(2022年2月撮影)。

スペイン／サラマンカ

# Spain : Seville

スペイン：セビーリャ

アンダルシアの州都セビーリャ。歴史的建造物やフラメンコの本場として有名だが、そのイメージに似つかわしくない巨大な木造建築がある。それがこのメトロポール・パラソル。2011年完成の複合施設で、セビーリャのキノコとも呼ばれる（2014年7月撮影）。

メトロポール・パラソルはドイツ人建築家ユルゲン・マイヤーのデザイン。地下1階には工事中に発掘された遺跡を展示する博物館がある。3階は展望テラスで、新旧の建築が共存する夜景が楽しめる(2014年7月撮影)。

グアダルキビール川の東側に建つ正12角形の「黄金の塔」は、侵入船を防ぐ見張り用として建てられた。現在内部は海洋博物館になっており、船の模型や海図、彫版などが展示されている(2014年7月撮影)。

1929年のイベロ・アメリカ博覧会のためにつくられたスペイン広場。半円形の敷地を囲むように建物が建つ。無料で入れるが22時に門が閉まることを知らず、追い立てられながら閉園直前に撮影した(2014年7月撮影)。

セビリア大司教宮殿前のビルヘン・デ・ロス・レイエス広場。日中に街の各所で見かけた観光馬車の帰り仕度中。今にも立ち去りそうだったので、急いで三脚を立て、素早く1枚だけ撮影(2014年7月撮影)。

スペイン／セビーリャ

# Spain : Toledo

## スペイン:トレド

トレドはスペイン中部に位置する城塞都市で、今も中世の街並みが残る。タホ川南側の高台から眺める旧市街は、この地で後半生を過ごしたギリシャ人画家エル・グレコが、当時描いた風景に重なった(2014年7月撮影)。

トレドで最も有名な展望ポイント「ミラドール デル バイエ」から眺めるトレドの夕暮れ。観光バスをはじめ、多くの人々が訪れる。正面はアルカサル。もともとはローマ帝国の宮殿で、現在は軍事博物館(2014年7月撮影)。

「ミラドール デル バイエ」から眺める北西方面。トレドは1561年に首都がマドリードに移されるまで、スペインの首都として機能していた。日没を迎え、徐々に街に明かりが灯りはじめる旧市街(2014年7月撮影)。

トレドの旧市街側からアルカンタラ橋を望む。街の入口となるこの橋は、タホ川に架かるローマ時代のアーチ橋。重厚なつくりで銃眼のある要塞門に守られている。月の輝きに負けない存在感(2014年7月撮影)。

2014年は画家エル・グレコの没後400年にあたり、トレドをはじめスペイン各地でグレコ・フェスティバルが開催されていた。トレド大聖堂をキャンバスにしたプロジェクション・マッピング(2014年7月撮影)。

# Czech Republic : Prague

チェコ:プラハ

中世ヨーロッパにタイムスリップしたような街並みが魅力のプラハ。1000年以上の歴史を持つ街は趣があり写欲を刺激する。カレル橋のたもとに建つ橋塔から望むプラハ城。薄紅色に染まる空を目に焼き付けた(2015年3月撮影)。

プラハは"百塔の街"と称賛されるほど塔が多い街。第2次世界大戦で大きな破壊を受けなかったことで、現在も多くの古い建物が残っているのだろう。ライトアップで浮かび上がる歴史的建造物の数々(2015年3月撮影)。

ヴルタヴァ川に架かるカレル橋上から、プラハ城の城下町であるマラー・ストラナ地区を望む。右の高い建物は、街を守るための見張り台として、敵の侵入を防ぐ重要な役目を担っていた橋塔(2015年3月撮影)。

旧市庁舎塔の下にある「天文時計」はヨーロッパで最も古い時計のひとつ。天文時計とは時刻に加え、太陽や月、惑星など天体の現在位置がわかる時計。縦に2つの時計盤が並ぶが、写真は上の時計盤で「プラネタリウム」と呼ばれる(2015年3月撮影)。

旧市庁舎の塔から旧市街広場と「ティーンの前の聖母マリア教会」を見下ろす。教会はゴシック様式で、14世紀半ばから16世紀初頭にかけて建てられた。2つの鐘楼は右側がわずかに太く「アダム」、左側が「イヴ」と呼ばれている(2015年3月撮影)。

チェコ／プラハ

# Czech Republic : Cesky Krumlov

チェスキー・クルムロフは蛇行するヴルタヴァ川に抱かれたチェコ南部の街。13世紀に南ボヘミアの貴族により城が築かれた。チェスキー・クルムロフ城「第5の中庭」付近から街を見下ろす(2015年3月撮影)。

上:スヴォルノスティ広場近くの路地裏で夜景散策。チェスキー・クルムロフの塔をあしらった看板が目を引いた、雰囲気の良いレストラン。
右:石畳の狭い路地から顔を出す「城の塔」(ともに2015年3月撮影)。

チェコ：チェスキー・クルムロフ

# 🇸🇰 Slovakia : Bratislava

ブラチスラヴァはオーストリアの国境近くに位置するスロバキアの首都。旧市街の南側にはドナウ川が流れる。正面は旧市街に入る４つの門のひとつ「ミハエル門」。門というよりは塔の様相だ（2024年6月撮影）。

フラブネー広場から旧市庁舎前を少し北側に歩くと、可愛らしい赤い花で飾られた街灯が目に入った。周りにはテラス席を設けたレストランがあり、多くの観光客が広場の風景を楽しみながら夜のひと時を過ごしていた（2024年6月撮影）。

# スロバキア：ブラチスラヴァ

1 ヨーロッパ

ドナウ川に架かる新橋（Novy Most）。円盤状の建物内は展望レストラン、その上には屋外展望台がある。高さは84.6mの主塔からは、右方面に旧市街、左方面には丘の上に建つブラチスラヴァ城が見える（2024年6月撮影）。

ブラチスラヴァの中心部のフラブネー広場。右に見えるのはロランド噴水。中央上部には名前の由来となったロランド騎士の像が建っている。凝った彫刻の歴史ある噴水だが、残念ながらこの時は照明演出がされていなかった（2024年6月撮影）。

# Principality of Monaco

モナコ

モナコ公国は海と山に囲まれた世界で2番目に小さい独立国。世界中のセレブが集まる高級リゾート地としても知られている。2006年にも訪れたアゲルボル通りからモンテカルロ地区を望む。切り立った斜面にビルが林立する立体感のある夜景(2019年1月撮影)。

「The Dog Head」から望む紺碧海岸の夜明け。地中海の水平線が赤く染まる。ここはモナコ国境を越えたフランス側に位置する断崖絶壁のスポット。眼下にはモナコやフランス、そしてはるか遠くに続く海岸線の先はイタリアだ（2019年1月撮影）。

「The Dog Head」から西方面を望む。日没時間を過ぎ、残照に染まる空と輝きを増しはじめた街明かり。遠くでひときわ強い光を放つのはニースの海岸線。このエリアは変化に富んだ地形が続き、絶景ドライブが楽しめる（2019年1月撮影）。

大公宮殿の東側にある展望スペースは、モナコ港に開けた眺望が素晴らしく、停泊するたくさんのヨットやクルーザーが旅情を掻き立てる。夜明けを迎えるモナコ港の美しいブルーモーメント(2019年1月撮影)。

もともとはジェノヴァ共和国の要塞だったモナコ大公宮殿。海抜60mの岩山の上に建ち、現在は大公一家私有の邸宅である。淡い色彩が可憐な印象のイタリア・ルネッサンス様式の宮殿で、前の広場では衛兵交代が行われる(2019年1月撮影)。

別名"グラン・カジノ"と呼ばれる「カジノ・ド・モンテカルロ」は、ヨーロッパを代表するカジノ。パリのオペラ座を手がけた建築家シャルル・ガルニエの設計で、まるで宮殿のような優雅な佇まいだった(2019年1月撮影)。

カジノ広場に面した「オテル・ド・パリ・モンテカルロ」は、1864年創業のゴージャスなホテル。このエリアは常に名だたる高級車がずらりと停車している。こういった風景も、高級リゾート地モナコの象徴だ(2019年1月撮影)。

青くライトアップされているのは、実は銀行の建物だが、ホテルと見間違えるほどの煌びやかな外観だ。その前を通り過ぎる男性はまるで映画俳優のよう。モンテカルロ地区には絵になる風景が溢れていた(2019年1月撮影)。

モナコ・ヴィル地区の裏通り。大公宮殿のあるエリアは、中世から続く旧市街。華やかなモンテカルロ地区とは違った趣がある。入り組んだ石畳の路地では、モナコ公国の国章をあしらった飾りが出迎えてくれた(2019年1月撮影)。

# Estonia : Tallinn

エストニア:タリン

中世の面影を残すエストニアの首都タリン。城壁に囲まれた旧市街は高低差があり、山の手(トームペア)には眺めの良い場所が点在する。雰囲気の良いコフトウッツァ展望台からの夕景。聖オレフ教会のライトアップが点灯しはじめた(2014年6月撮影)。

ツタの絡まる雰囲気が、まるで童話のような世界観のヴィル門。ここは旧市街東側の入口で、背後に見える旧市庁舎の塔がシンボリックだ。この先はカフェやレストラン、お土産屋が軒を連ねるメインストリート(2014年6月撮影)。

旧市街の中心にあるラエコヤ広場とゴシック様式の旧市庁舎。広場を囲むレストランのテラス席では、くつろぎながら旧市街の夜景が楽しめる。次回はぜひ冬に開催されるクリスマスマーケットの時期に訪れてみたい(2014年6月撮影)。

旧市街の下町エリアで見つけたフクロウのオブジェ。アパートのエントランスかと思いきや、実はエストニア自然史博物館の入口。旧市街では細部を観察しながら歩く夜景散歩が楽しかった（2014年6月撮影）。

約2.5kmにわたり城壁で囲まれている旧市街。防御のためにつくられたものだが、三角屋根の塔が並ぶ風景は、どこかメルヘンチックな雰囲気が漂う。旧市街西側の城壁を出た「塔の広場」付近から撮影（2014年6月撮影）。

エストニア／タリン

# Latvia : Riga

ラトビアの首都リガはバルト三国最大の都市。ダウガヴァ川東岸には"バルト海の真珠"と称される旧市街が広がる。リガ市庁舎広場に佇む男女のシルエット。空の色彩が残る最も美しい時間帯（2014年6月撮影）。

ブラックヘッド会館（右）は、もともと、商人たちの集会や舞踏の場。第2次世界大戦中ドイツ軍の空爆で破壊され、その後忠実に再建された。時計の下には、4つのハンザ都市の紋章とギリシャ神話の神々の像が置かれている（2014年6月撮影）。

# ラトビア:リガ

リガ大聖堂(ドゥアムス)は1211年にアルベルト司教によって建てられた聖堂。何度もの増改築が繰り返されたため、ロマネスク様式からバロック様式にいたるまで、様々な建築様式が融合し18世紀後半に現在の姿になったという(2014年6月撮影)。

旧市街の撮影を終えダウガヴァ川沿いの遊歩道に向かうと、満月が出迎えてくれた。深いブルーに包まれた雲ひとつない夜空。橋の構造をシンプルに照らし出した白いライティングが、いっそう際立っていた(2014年6月撮影)。

# 🇷🇺 Russia : Moscow

ロシア：モスクワ

1991年のソビエト連邦崩壊後、次第に西ヨーロッパ諸国の雰囲気も感じるようになってきたロシア。訪れたのは夏の始まりだったが、モスクワ川の遊歩道には、冬季をイメージさせるアーチ型のイルミネーションが設置されていた（2019年6月撮影）。

マネージュ広場からヴァスクレセンスキー門を望む。あいにく雨に降られたが、それなら"雨ならではの夜景を"と傘を片手に奮闘。濡れた地面に反射した街灯が、赤の広場へと向かうカップルの姿を際立たせた(2019年6月撮影)。

救世主ハリストス大聖堂付近から眺めるクレムリン。現在もロシアの中枢として機能し、大統領府も置かれている。金色のドームを持ちひときわ高くそびえる白亜の建物は「イワン大帝の鐘楼」(2019年6月撮影)。

1921年創設のグム百貨店。宮殿のような華やかな外観もさることながら、内装も豪華絢爛で、世界の高級ブランドが集まっていた。赤の広場を行き来する人々がシルエットで浮かび上がる（2019年6月撮影）。

赤の広場に建つ聖ワシリー大聖堂は、モンゴルとの戦いに勝利した記念として1560年にイワン4世によって建てられた。カラフルな色彩とタマネギ型のドームが印象的で、どこかメルヘンチックな雰囲気だ（2019年6月撮影）。

ロシア／モスクワ

1980年のモスクワオリンピックでも使われた「ルジニキ・スタジアム」。天井はLED照明により色彩が変化し、様々な文字が現れる。スタジアム南西のモスクワ川岸にはロープウェイがあり、眺めの良い高台「雀が丘」へ登れる(2019年6月撮影)。

モスクワ大学は1755年エリザヴェータ・ペトローヴナ女帝の勅令により創立された。とても大学とは思えないスターリン様式の巨大な建物で、校舎前に植えられたカラフルな花々が、彩りを与えていた(2019年6月撮影)。

ソビエト連邦崩壊後、新生ロシアの象徴として2000年に再建された「救世主ハリストス大聖堂」。モスクワ川沿いに建つ高さ103mの堂々たる姿で、真っ白な外観に眩い金色のドームが映える(2019年6月撮影)。

クレムリンの西約5kmに位置するモスクワ・シティは、都市再生開発プロジェクトにより金融街に変貌した。螺旋型が目を引く高層ビルは「エヴォリューション・タワー」。高さ246mで150度以上回転しているという(2019年6月撮影)。

# Norway : Bergen

ノルウェー：ベルゲン

ベルゲンはノルウェー南西部の海岸沿いに位置する港湾都市。標高320mのフロイエン山に登ると、フィヨルド地方独特の入り組んだ海岸線を持つ街が一望できた。徒歩でも登れるが、ケーブルカーを使えば、わずか6分だ（2014年6月撮影）。

夜明けが近づくベルゲンの街。6月の北欧は完全に暗くならずにそのまま夜が明ける。美しいブルーモーメントの時間帯が続くので、夢中で撮影していると、いつの間にか朝になってしまう（2014年6月撮影）。

1 ヨーロッパ

ブリッゲン地区の夜明け。ベルゲン湾に面して建ち並ぶ木造家屋は、ドイツのハンザ商人の家や事務所であった。13世紀から16世紀に建てられ、火災の度に復元・修復されたが、現在はレストランやお土産屋として使われている(2014年6月撮影)。

ベルゲン港からフロイエン山と世界遺産ブリッゲン地区を望む。北欧の寒々とした空に、うっすらと月が見えはじめ、水面に反射する月明かりが、まるで生き物のように揺らいでいた(2006年11月撮影)。

ノルウェー／ベルゲン

# Norway : Tromsø

## ノルウェー：トロムソ

トロムソはノルウェー北部に位置する北極圏最大の街。極寒をイメージしていたが、暖流の影響でそれほど寒さは厳しくなかった。対岸に見える三角形の建物は北極教会。オーロラをイメージしてデザインされ、トロムソ湾を望むようにシンボリックに輝く（2016年2月撮影）。

トロムソ島の高台からノルウェー本土を望む。撮影を終えカメラを片付けていると、なにやら空に光が揺らぎはじめた。もしや？　と思い急いでカメラを取り出した。北極圏の空で競演する月明かりとのオーロラ（2016年2月撮影）。

強風に煽られながらトロムソ橋を渡り、日中にロケハンしたノルウェー本土の住宅街へ。観光客は皆無の場所だが、眺めは素晴らしかった。ぽつぽつと灯りはじめたトロムソ島の街明かりと、その背後に連なる雪山（2016年2月撮影）。

ホテルやレストランが集まるトロムソ湾沿いの小さなヨットハーバー周辺。カラフルな木造の建物が並び、とても雰囲気が良い。左奥の茶色い建物はオーシャンビューの客室を持つホテル(2016年2月撮影)。

トロムソ大聖堂はノルウェーで唯一の木造大聖堂。クリーム色に塗られた外観と木製ということも手伝って、とても温かみを感じた。世界最北のプロテスタント大聖堂の静かな佇まい(2016年2月撮影)。

ノルウェー／トロムソ

# 🇳🇴 Norway : Ålesund

ノルウェー：オーレスン

フィヨルド観光の拠点として知られる美しい港町オーレスン。アクスラ山の頂上からは、アールヌーボー様式の建物が並ぶ美しい街並みが一望できた。厚い雲の隙間から差し込む幻想的な光（2006年11月撮影）。

アクスラ山に登る階段とオーレスンの街並み。初めて訪れた2006年当時は山頂まで418段あったが、新たな展望スペースが設置されたので現在は不明。地形の特徴が際立つ夕刻から、風景の移り変わりをゆっくりと楽しみたい場所（2014年6月撮影）。

オーレスンは1904年の大火災で800軒近くの家が失われたが、復興の際に当時流行していたアールヌーボー様式の建物を建て、街を再生した歴史をもつ。童話の世界のような、可愛らしく優美な街並み(2014年6月撮影)。

カラフルな花々が咲き誇るオーレスン港の夕景。近くにあるアールヌーボー・センターは、かつての薬屋だった建物を利用した博物館。火災当時から復旧にいたるまでを映像で伝えるほか、家具や陶磁器が展示も行っている(2014年6月撮影)。

# Norway : Oslo

ノルウェー：オスロ

ノルウェーの首都オスロは、最後のヴァイキング王ハーラル・ホールローデ王によって築かれた都市。中心地南東側の高台「エーケベルグの丘」に登れば、オスロ・フィヨルドに広がる市街地が一望できる（2016年2月撮影）。

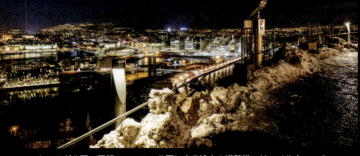

エーケベルグ公園の展望スペース。公園に来る途中の道路沿いは、ノルウェーの画家エドヴァルド・ムンクの代表作「叫び」を制作する際に、インスピレーションを受けたといわれている場所がある(2016年2月撮影)。

エーケベルグ公園から眺めるウォーターフロント地区。手前にオスロ・オペラハウス、山上には海抜417mに建つホルメンコーレン・ジャンプ台の明かりが光る。ジャンプ台は展望スペースとして開放されているが、夜間は残念ながら登れない(2016年2月撮影)。

ウォーターフロントにあるオスロ・オペラハウスはノルウェー国立オペラ・バレエ団の本拠地。氷山を模したといわれるデザインで、このエリアでは最も目を引く近代建築のランドマーク（2016年2月撮影）。

オスロ・オペラハウスの屋上へは、外から長いスロープを登り簡単にアクセスできる。屋上スペースは自由に歩き回ることができ、散歩や憩いの場としての役割も果たしている。言わずもがな夜景鑑賞も可能（2016年2月撮影）。

# 🇫🇮 Finland : Helsinki

バルト海に面する港湾都市ヘルシンキは、スウェーデンやロシアに支配された歴史を持つ。ライバシランカトゥ通りのトラム駅で乗り降りする人々の背後には、街のシンボルである白亜の大聖堂「ヘルシンキ大聖堂」が構える（2015年3月撮影）。

港風情が漂う北湾沿いの遊歩道。ウォーターフロントに面した赤レンガの建物には、カフェやレストランが入る。その奥に顔を出すのは、北欧最大のロシア正教の教会であるウスペンスキー寺院（2015年3月撮影）。

# フィンランド：ヘルシンキ

ヘルシンキ大聖堂の南側に面する元老院広場。右の建物はフィンランド最古の大学ヘルシンキ大学。広場の中心には市民の声に耳を傾け、1894年にフィンランドの国会を再開させたロシア皇帝アレクサンドル2世の記念像が建つ（2015年3月撮影）。

元老院広場に面したアレクサンテリン通りを通過するトラム。路線も多く夜遅くまで運行しているので、ヘルシンキの交通手段として欠かせない。この通りの先は、ホテルやショップ、レストランが集まるヘルシンキの中心街（2015年3月撮影）。

# Portugal : Porto

# ポルトガル：ポルト

ポルトガルの北西部に位置し、商工業とポートワインで知られる都市ポルト。黄昏時にセラ・ド・ピラール修道院のある高台から、ドウロ川とポルト歴史地区を望む。路面電車が足早にドン・ルイス1世橋を通過する（2014年6月撮影）。

世界遺産の街を彩るドン・ルイス1世橋。ドウロ川に架かる6本の橋の中でも美しいアーチが印象的で、エッフェル塔設計者の弟子、テオフィロ・セイリグによって設計された(2014年6月撮影)。

ドン・ルイス1世橋からセラ・ド・ピラール修道院のある高台を望む。修道院は1500年代に創建。円形の独特なつくりでヨーロッパ古典主義建築。1996年に世界遺産に登録された。街を一望できる絶景ポイントとして多くの観光客が訪れる(2014年6月撮影)。

かつてワイン樽を運んでいた帆船ラベーロ。現在は使われていないが、ポルトの名物としてドウロ川に浮かんでいる。対岸で白く輝くのはポルト司教の住居である聖公会宮殿(右)とポルト大聖堂(左)(2014年6月撮影)。

ポルト大聖堂の横、ドン・アフォンソ・エンリーケス通り周辺からは、3つの歴史的建造物が一望できる。右からサンベント駅、サント・アントーニオ・ドス・コングレガードス教会、ポルト市庁舎(2014年6月撮影)。

# Portugal : Lisbon

大西洋に注ぐテージョ川の河口に広がるポルトガルの首都リスボン。サン・ペドロ・デ・アルカンタラ展望台からは、サン・ジョルジェ城をはじめ市内を一望できる。ベンチで思い思いの時間を過ごす人々(2014年6月撮影)。

リスボンには7つの丘があり、高所と低所をつなぐ短距離のケーブルカーが3路線運行している。派手に落書きされたグロリア線は、サン・ペドロ・デ・アルカンタラ展望台付近とレスタウラドーレス広場を結ぶ(2014年6月撮影)。

# ポルトガル：リスボン

1902年に市民の足としてつくられたサンタ・ジュスタのエレベーター。街中に忽然と現れる高さ45mの鉄製タワー内をエレベーターが上下する。高低差のあるリスボンならではの乗り物。上には展望台がある（2014年6月撮影）。

曲線模様の石畳が印象的なロシオ広場（ドン・ペドロ4世広場）。中央にはペドロ4世の記念碑が建ち、その両側には噴水が置かれている。広場を囲むようにレストランやカフェが軒を連ね、常に活気に満ちている場所（2014年6月撮影）。

# Belgium : Brussels

# ベルギー：ブリュッセル

ベルギーの首都ブリュッセル。中心部にある大広場グラン・プラスは、フランスの詩人ヴィクトル・ユーゴーが"世界で最も美しい広場"と賞賛した。空の青さが残る時間帯に光が灯りはじめ、存在感が増す豪華なギルドハウスの数々（2017年3月撮影）。

市庁舎下から望む大広場。装飾された天井と柱の間から眺めると、より遠近感を感じる。正面に見える「王の家」は、実際に王様が住んでいたことはなく、現在は市立博物館になっている(2017年3月撮影)。

グラン・プラス広場西側のギルドハウス建築群。ギルドハウスとは同業者組合のこと。それぞれの建物には昔の軒名がある。左から「小角笛」、「雌狼」、「袋」、「スペイン王」、「猫車」(2017年3月撮影)。

芸術の丘（モン・デ・ザール庭園）南側の高台からグラン・プラス方面を望む。美しく整備された花壇の向こうには、ひときわ目を引く市庁舎の塔が見える。この周辺は美術館や博物館が点在するエリア（2017年3月撮影）。

1958年に開催された万博博覧会のためにつくられたアトミウム。高さ103mの巨大モニュメントで、鉄の結晶構造を1650億倍に拡大したもの。直径18mの9つの球体はAtom（分子）を表している（2017年3月撮影）。

ベルギー／ブリュッセル

# Belgium : Dinant

# ベルギー：ディナン

ディナンはムーズ川と断崖がつくり出した美しい街で、ベルギー南東部に位置する。夕刻に風が止み、鏡のような水面に幻想的な風景が現れた。限られた日程の中で、この風景に出会えたことに感謝（2023年5月撮影）。

タウンホール(Local government - Town Hall)の中庭にはライトアップされたサクソフォンのオブジェが。ガラス製の水時計で、1月1日から毎日1滴ずつ水が満たされ、12月31日には満杯となるという(2023年5月撮影)。

ノートルダム教会へと続くグランド通り。背後にはシタデル(城砦)のライトアップが煌々と輝く。遅くまで営業している店は少なく、日没後は時間が経つにつれて静けさに包まれていく(2023年5月撮影)。

ムーズ川の対岸からノートルダム教会とシタデル(城砦)を望む。切り立った城砦は高さ約100m、城は1050年に築かれた。ロープウェイや石段を歩いて登ることができるが、シタデルの営業が夕方で終わるため、夜景鑑賞はできない(2023年5月撮影)。

ディナンはサクソフォン(サックス)の考案者アドルフ・サックスの生誕地。街の各所でサクソフォンのオブジェを目にする。写真はサンジャック通りに建つ記念碑(2023年5月撮影)。

# Belgium : Ghent

ベルギー：ゲント

ベルギー第3の都市ゲントは、中世には中心都市として栄えた歴史をもつ古都で、旧市街の街並みが美しい。レイエ川沿いの遊歩道から望む聖ミカエル橋と聖ミヒエル教会。漆黒の闇に浮かび上がる重厚な姿(2017年3月撮影)。

レイエ川沿いに建ち並ぶギルドハウス。正前の通りにはカフェやレストランが軒を連ね、夜のひとときを楽しむ人々で賑わっていた。ここグラスレイはゲントの中でも活気溢れるエリアのひとつだ（2017年3月撮影）。

夜の散策で迷い込んだ路地。ノスタルジックな雑貨を扱う店のショーウインドウに惹かれ、思わずシャッターを切ったナイトシーンのスナップ。ゲントの旧市街には、撮影意欲を掻き立てる魅力的な風景が溢れていた（2017年3月撮影）。

リーヴェ運河とリス川の合流点にあるオールドフィッシュマーケットは、ゲントで最も古い市場のひとつ。1960年代まで魚屋がここで商品を販売していた。建物の裏側からだが、水面に美しく映り込む風景に惹かれて撮影（2017年3月撮影）。

聖ミカエル橋付近から望むシント＝マイケルスヘリング通り。左に見えるのは1300年頃建てられたゲントの鐘楼。その奥には聖バーフ大聖堂が見える。昼夜問わず、路線バスがひっきりなしに行き来する（2017年3月撮影）。

# 🇧🇪 Belgium : Antwerp

アントワープはベルギー北部の港湾都市。ダイヤモンド研磨の聖地といわれ、その歴史は15世紀頃までさかのぼる。活気に満ちた市庁舎前広場グローテマルクト。店の正面に設けられたテラス席は、特に人気が高い(2023年5月撮影)。

ベルギー最大のゴシック教会であるノートルダム大聖堂(聖母大聖堂)。正面ファサードの精緻に彫り込まれた彫刻は圧巻。祭壇では画家ルーベンスの最高傑作「キリスト昇架」、「キリスト降架」などが鑑賞できる(2023年5月撮影)。

# ベルギー：アントワープ

グローテマルクトで、アントワープの名前の由来になったブラボー像と市庁舎を組み合わせて撮影したかった。しかしブラボー像には工事の囲いがあり、さらに市庁舎はライトアップされず。やむなくギルドハウスを撮影した（2023年5月撮影）。

"世界一美しい駅"と称されるほど絢爛なアントワープ中央駅は、1895年から10年の歳月をかけ建てられた。外観もさることながら内部も素晴らしく、巨大なドームに覆われた駅舎の建築美は、まるで美術館にいるようだった（2023年5月撮影）。

# Azerbaijan : Baku

アゼルバイジャン：バクー

バクーはカスピ海を臨み、石油産業で発達したアゼルバイジャンの首都。街の象徴的な現代建築といえるフレイムタワーは炎をかたどったデザインで、アゼルバイジャン国旗のほか、燃え盛る炎のようなグラフィックが展開する（2018年10月撮影）。

フレイムタワーのある高台には"殉教者の小道"という名の公園がある。公園内の展望台からは、カスピ海とバクー市街が一望。写真は南東方向の夜景で、左の青い光は多目的アリーナ「バクー・クリスタル・ホール」(2018年10月撮影)。

バクーは城塞都市で旧市街は城壁で囲まれている。門をくぐれば別世界。宮殿やモスクをはじめ、中世の建造物や遺跡が残る。夜更けに石畳で覆われた旧市街を歩く。陰影がつくりだす静寂の夜景に癒された(2018年10月撮影)。

カスピ海に面した公園の横には、白鳥のようなオブジェが並ぶ噴水があった。涼しげな水色と背景の街灯との色彩対比が華やかだ。さらにフレイムタワーのカラフルな壁面ビジョンが彩りを添える(2018年10月撮影)。

旧市街西側の城壁外にある地下鉄駅。カラフルな照明が展開するガラスピラミッド型の建物で、入口の屋根は浮遊するペルシャ絨毯のようだった。斬新なデザインが夜の街歩きを楽しませてくれる(2018年10月撮影)。

アゼルバイジャン／バクー

# Georgia : Tbilisi

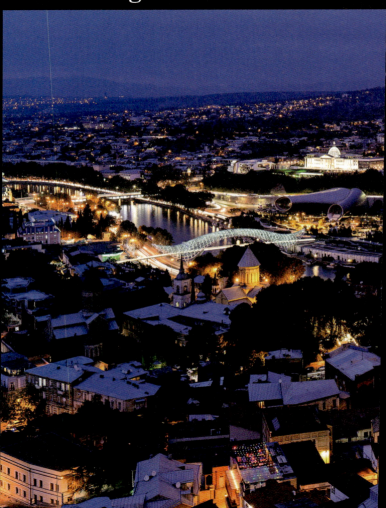

ジョージア：トビリシ

黒海沿岸の国ジョージアの首都トビリシ。クラ川沿いのリケ公園から発着するロープウェイを使えば、4世紀にアラブ人によって建造されたナリカラ要塞に登ることができる。新旧の建築が共存する街並み。丘の上には至聖三者大聖堂が輝く(2018年10月撮影)。

イタリア人建築家によって建てられた近代的なデザインの平和橋。クラ川に架かる歩行者専用の橋で、それほど大きくはないが、斬新なデザインは存在感があった。多くの人が訪れる観光名所にもなっている(2018年10月撮影)。

ナリカラ要塞の展望台から見下ろす「聖ジョージのアルメニア大聖堂」(手前)と「メテヒ教会」(右奥)。クラ川沿いの断崖は派手な色彩にライトアップされ、次々

ナリカラ要塞の展望台から徒歩で下る途中に目にした夜景。聖ジョージのアルメニア大聖堂の向こうに見えるのは平和橋。狭い範囲に特徴的な建物が集まっていたので、角度を変えながら様々な風景が撮影できた（2018年10月撮影）。

メテヒ橋の上から眺めるナリカラ砦。ナリカラ要塞を囲む砦は日中でも目立っていたが、夜は照明で照らし出され、街のどこからでも確認できた。交通量の多いメテヒ橋を通過する車の光跡が眩しい（2018年10月撮影）。

# Germany : Cologne

# ドイツ：ケルン

ドイツ西部のライン川流域に位置するケルン。以前訪れた時と別の場所から撮影しようと思い、川岸近くの展望台へ向かった。日没と同時に小雨が降りはじめたが、水滴の少ないガラス越しから、なんとか撮影に成功した（2016年5月撮影）。

ケルン大聖堂は2本の突塔をもつゴシック様式のカテドラルで、世界最大級の大きさを誇る。ライン川越しに見る大聖堂の堂々たる姿は圧巻。手前に建つのはロマネスク様式の聖マルテイン教会(2016年5月撮影)。

下から見上げるケルン大聖堂は圧巻。その巨大さもさることながら、西側の正面扉上部には、旧約聖書の一場面を描いた浮彫が照明により浮かび上がる。さらに周りは様々な聖人の彫刻で飾られている(2016年5月撮影)。

ライン川沿いにある公園「ラインガルテン」周辺には、小さなホテルやレストランが並ぶ。パステルトーンが目を引く可愛らしいレストラン。閉店間際にビールをまとめて頼み、ぐいぐいと飲み干す初老の男性（2016年5月撮影）。

ホーエンツォレルン橋はライン川に架かる409mの鉄橋。2008年に訪れた時は、ここまで多くの南京錠があった記憶はない。果たしてどのくらいの重量が橋に掛かっているのか、心配になるほどの量だった（2016年5月撮影）。

ドイツ／ケルン

# Germany : Stuttgart

ドイツ：シュトゥットガルト

シュトゥットガルトはドイツを代表する工業都市。有名な自動車メーカーもここに本社を置く。ヨーロッパの伝統的な文様を思わせる装飾の東屋を使い、絵画的なイメージで、優美な新宮殿を切り取った（2018年1月撮影）。

宮殿広場の南側にあるヴュルテンベルク州立博物館は、中世の城を思わせる外観。閉館した後も、中庭のような中央の広場に入ることができた。3階建ての回廊に囲まれた空間は、ひっそりと静まり返っていた（2018年1月撮影）。

ドイツ人作家フリードリヒ・シラーにちなんで名付けられたシラー広場。正面にはシュティフト教会が建ち、いかにもヨーロッパの広場といった雰囲気だ。ここはシュトゥットガルトのクリスマスマーケット会場のひとつ（2018年1月撮影）。

# Germany : Munich

ドイツ南部に位置するミュンヘンはバイエルン州の州都で、南ドイツ最大の都市。ネオゴシック様式のミュンヘン新市庁舎は着工から42年かけ、1909年に完成。仕掛け時計のカラクリ人形のショーは観光客に人気がある(2018年1月撮影)。

ミュンヘン市庁舎のあるマリエン広場は、中央に建つマリア像にちなんで名付けられた。写真はその像の土台に置かれた4体の天使像のひとつ。動物との闘いを表す像で、都市がいくつもの災難を克服する様子を象徴しているという(2018年1月撮影)。

# Germany : Heidelberg

# ドイツ：ハイデルベルク

ハイデルベルクはドイツ南西部に位置する古城の街。旧市街を見下ろす丘にはハイデルベルク城が建つ。おすすめの展望スポットは「哲学者の道」。ネッカー川に架かる橋を渡り、急な坂道を上った先にある（2016年5月撮影）。

ネッカー川に架かるカール・テオドール橋。正式名称はアルテ・ブリュッケ(古い橋という意味)。全長198.5mで、9つの連続した石づくりアーチが美しい。北岸の川沿いはハイデルベルク城と併せて撮影できる絶好のフォトスポット(2016年5月撮影)。

カール・テオドール橋の旧市街側には橋門がある。これはかつて街の城壁であった一部が残ったもの。2つの白い橋塔(ブリュッケン・トーア)は、見張りに使われていた。後ろにはイエズス会教会の塔が見える(2016年5月撮影)。

ハイデルベルク市庁舎の南側にあるコンマルクト(穀物広場)。中央に建つのは、4体の天使が支える球体の上に立ちキリストを抱く聖母マリア像。背後で堂々と輝くハイデルベルク城のライトアップが眩しい(2016年5月撮影)。

高さ82mの塔をもつ聖霊教会。後期ゴシック様式の代表作といわれ、マルクト広場西側に建つ。現在はハイデルベルク・アルトシュタット福音主義教会共同体に属する福音主義教会。後方から撮影するほうが迫力があった(2016年5月撮影)。

# 🇩🇪 Germany : Berlin

ドイツ：ベルリン

ドイツ北東部に位置する首都ベルリンは、同国最大の都市。旧ソ連とアメリカが対立していた冷戦時代には、ベルリン内で東西に分離していた。18世紀に建てられたブランデンブルク門はベルリンのシンボルで、東西ドイツ統一の象徴（2008年5月撮影）。

上：1969年に完成したベルリンテレビ塔。新しいアンテナが設置された現在の高さは368m。球体には展望台と回転レストランがある。
下：旧博物館からベルリン大聖堂を望む。ドームだけで高さ約110mあるという、ベルリン最大の教会建築の威厳ある姿（ともに2008年5月撮影）。

第2次世界大戦の空襲によって破壊され、戦争の悲惨さを後世に伝える遺構として、そのまま残されたカイザーヴィルヘルム教会。隣には壁一面に青いステンドグラスが埋め込まれた新教会堂と新鐘楼が建つ(2008年5月撮影)。

ドイツ／ベルリン

# 🇩🇪 Germany : Erfurt

## ドイツ：エアフルト

エアフルトはドイツ中央部に位置するチューリンゲン州の州都で、約1300年の歴史をもつ。ドイツゴシック建築の傑作エアフルト大聖堂の堂々たる姿。冬季に正面のドーム広場で開催されるクリスマスマーケットは有名(2008年5月撮影)。

# 🇩🇪 Germany : Freudenberg

ドイツ北西部に位置するフロイデンベルグの魅力は、なんといってもモノトーンで統一された可愛らしい木造住宅群。街外れの小高い丘の公園からは、連なる伝統的な木組みの家々が一望できた（2008年5月撮影）。

# Vatican City State バチカン市国

世界最小の独立国であるバチカン市国は、ローマカトリック教会の総本山。荘厳な佇まいの「サン・ピエトロ大聖堂」は、カトリックの聖地として名高い。北隣にあるシスティーナ礼拝堂の天井には、ミケランジェロの巨大なフレスコ画が描かれている(2018年7月撮影)。

サン・ピエトロ広場は約30万人を収容できるという楕円形の広場。長径240mで広場を囲むよう284本のドーリア式石柱が並ぶ。中央には紀元前1世紀にエジプトで建てられ、16世紀後半にこの場所に移されたオベリスクが建つ(2018年7月撮影)。

# WORLD NIGHT VIEW HERITAGE
## World "YAKEI"

# 世界夜景遺産

## 世界夜景遺産とは？

「世界夜景遺産」は、2021年に一般社団法人 夜景観光コンベンション・ビューローによって、世界的な夜景鑑賞及び夜景観光の価値向上、経済効果の促進、夜間景観の保存や文化的発展を目的に創設された世界的夜景ブランド。夜景観光の世界的な発展はもちろん、世界のナイトツーリズムの核として成長を目指している。本名称には、20年以上続く「日本夜景遺産」の世界版という意味だけでなく、後世に残すべき優れた夜景と鑑賞場所との重要な関係性を表現している。

※商標登録『世界夜景遺産』出願中

## 世界夜景遺産の活動目的

1. 自然や人類が創り上げた地球上に存在する夜間景観の魅力を訴求すること。
2. 夜景鑑賞文化を通して、世界各国の「人と人」を結ぶ絆の創出。
3. 夜間景観の魅力の再発見を通して、都市景観や文化形成における発展に寄与。
4. 世界的なナイトツーリズムの観光資源の核となり、観光業界の発展を促すこと。

## 世界夜景遺産の種類と構成要素

### 自然夜景遺産とは
- 山上や高台、公園等の自然風景地及び、展望台などの区域が明確に定められている場所から望む夜間景観。
- 景観上で顕著な普遍的価値を有する夜の自然景観。

### 文化夜景遺産とは
- 芸術的な建造物や遺跡、その外観等、夜間景観における人工的なシンボル。
- 特定の区域内において、照明機器等を用いて人工的に創られた夜間景観。
- 所在する国や都市の未来的発展、文化貢献に値する歴史的な夜祭や催事・作品等。

## 世界夜景遺産の認定登録基準

「世界夜景遺産」に認定登録されるためには、「優れた普遍的価値を有する夜景」でなければなりません。当委員会では登録について、以下10の基準を設けており、3つ以上の項目において証明できること、またそれらに完全な真実性が満たされなければなりません。

1. 景観として自然や都市を表現する特有の価値を抱き、稀有な夜間景観であること。
2. 夜景の景観的特徴がオリジナリティに溢れ、価値が高い夜景であること。
3. 所在する国や都市の地形的特徴を活かした景観設計に影響を与えていること。
4. 所在する国や都市の特徴が表れ、未来の文化発展に影響を与える夜景であること。
5. 歴史上、明かりや光の文化発展において、顕著な見本として影響を与えていること。
6. 複数の国や都市間の交流に大きな影響を与えた夜間景観、文化的イベントであること。
7. 所在する国や都市の観光対象として、他国から大きな興味を抱かれる存在であること。
8. 現存する対象であり、不可逆的にその存続を脅かさず顕著な見本であること。
9. 夜景地及び夜景鑑賞地として、他国の優れた見本になること。
10. 夜景鑑賞地としての整備状況、利便性等に優れた環境であること。

## ビビット・シドニー シドニー／オーストラリア【文化夜景遺産】

©Destination NSW

2009年よりスタートしたシドニーが世界に誇るナイトイベントで、様々なアイデアを駆使して創られた光と映像と音楽の芸術祭。毎年5月～6月の3週間、観光業を支援することを目的に開催している。目玉演出は大規模なプロジェクションマッピング。シドニー・オペラ・ハウスやシドニー・ハーバーブリッジ等、市街中心部の建築物やランドマークを鮮やかに彩る。

## バジェ展望台 トレド／スペイン【自然夜景遺産】

©Ayuntamiento de Toledo

タホ川を挟んだ向かい側の丘の上に位置し、2000年以上の歴史を誇るトレド旧市街の全景を望むことができる展望台。トレド大聖堂を中心に旧市街の建造物群が柔らかに照らされ、重厚感溢れる夜景を創り出す。特にブルーモーメントの夜景の美しさは格別。この地で後半生を過ごしたギリシャ人画家エル・グレコの描いた風景が今も残る。

## アユタヤのライトアップ遺跡群 アユタヤ／タイ【文化夜景遺産】

首都バンコクから北に約70kmに位置するアユタヤ県の遺跡群。川に囲まれた地域に集中し、ワット・プラ・シー・サンペット、ワット・ロカヤ・スタなどの上座部仏教（小乗仏教）の寺院跡、かつてのアユタヤ朝のバン・パイン宮殿跡などが残されている。夜のライトアップされた遺跡群は、かつて栄華を極めた歴史が蘇ってくるような、荘厳な光景を創り出している。

## 台湾ランタンフェスティバル 台湾【文化夜景遺産】

台湾最大のお祭りで、何千個もの色鮮やかなランタンが夜空を舞う祭典。もともと旧正月から数えて15日の満月の日にあたる元宵節のお祝い行事であった。毎年テーマが定められ、多くは干支をモチーフにする傾向がある。メインのランタンには特別な趣向が凝らされ、色が変化するものや、ミラーボールのように回転するランタンなど、多彩な光を放っている。

## 黄浦公園 上海／中国【自然夜景遺産】

中国・上海市中心部にあり、黄浦江沿いのエリアに広がる緑地公園。対岸にはライトアップされた東方明珠電視塔や高層ビル群が林立し、近未来的な夜景が展開。背面には19世紀後半から20世紀前半にかけて建設された、西洋式の歴史的建築群による情緒豊かな夜景が広がっている。黄浦江で運航されているナイトクルーズ船も人気が高い。

## スルタンアフメット広場 イスタンブール／トルコ【自然夜景遺産】

1985年にユネスコ世界遺産に登録された「イスタンブール歴史地区」のひとつで、トルコを代表する観光エリアに位置。最大の見どころは、世界で最も美しいモスクと評される「スルタンアフメット・ジャーミィ」。夏には音と光のショーも催され、観光客だけでなく地元の人たちも、幻想的にライトアップされた夜の姿に酔いしれている。

# ゲッレールトの丘 ブダペスト／ハンガリー【自然夜景遺産】

標高235mの「ゲッレールトの丘」。1987年に世界文化遺産に登録された右岸のブダ地区と、左岸のペシュト地区の街並みが一望できる。特に印象的なのは、荘厳なブダ王宮とドナウ川に架かる「くさり橋」。世界遺産の登録エリアという理由から、この風景に手を加えることは困難であるため、現在の景観は完成形とされた貴重な夜景資源と言える。

# トップス セブ島／フィリピン【自然夜景遺産】

ブサイの涼しい丘陵地帯の海抜2000フィートに位置する展望台。天候の良い日はメトロ・セブ、マクタン、オランゴまで一望でき、敷地内に売店やカフェ、バーなどもあるため、コーヒーやビール、食事をしながらゆっくり景観を楽しむことも可能。眼下にはオレンジ色の街明かりが無数に煌めき、人々の生命力溢れるような力強い夜景を堪能できる。

# セーラ・ド・ピラル展望台 ポルト／ポルトガル【自然夜景遺産】

「セーラ・ド・ピラル修道院」の前にある展望台で、ドン・ルイス1世橋、ドウロ川、クレリゴスの塔といったポルトの名所をはじめ、ユネスコ世界遺産にも認定されたポルト歴史地区の街並みが一望。夕景から夜景へと移ろいゆく時間帯をはじめ、夜間も多くの人々が訪れる。標高の高さがなくとも、自然、歴史、文化が調和した見事な夜の景観。

# Apotheosa Monaca モナコ【自然夜景遺産】

旧市街、モナコ・ロシェと呼ばれる岩山の頂点にある広場。モナコ・ロシェは700年以上も前にモナコ公国の起源となる要塞が築かれた場所で、大公宮殿(パレス)や海洋博物館、グレースケリー公妃が眠る大聖堂や議会など、国の中心としても知られている。港にはラグジュアリーなヨットが並び、その姿は息をのむほどに優雅な夜の絶景が広がる。

## ワット・アルン・ラーチャワラーラーム バンコク／タイ【文化夜景遺産】

タイの首都バンコク、チャオプラヤ川西岸に位置する寺院。「ワット・アルン」の意味は「夜明けの寺」、正式名称は「ワット・アールン・ラーチャワラーラーム」。高さ約70mの建造物・中央塔(プラーン)は、陶器の破片が使用された精微な装飾と華麗なタイルで覆われ、光が投射されることでより輝きを増す。荘厳な雰囲気と神聖な煌めきが人々を魅了する。

## イーペン祭り チェンマイなどタイ北部各地／タイ【文化夜景遺産】

チェンマイ県をはじめ北部各地で毎年行われる壮大なランタンフェスティバルで、ロイクラトン(灯籠を川に流す風習)と同時期に行われる。この祭りの最大の魅力は、「コムロイ」と呼ばれる紙でつくられた数千のランタンが夜空を染め上げる瞬間。まるで星々が地上に降り注ぐような光模様は、壮大な自然と文化が見事に反映された光景だ。

## ヴィクトリア・ピーク 香港／中国【自然夜景遺産】

香港島の西側、標高552mのヴィクトリア・ピークは、香港を象徴する代表的な観光スポット。ヴィクトリア・ハーバーを取り囲むように200mを超える超高層ビルが乱立する大摩天楼の光群は、生命力に満ち溢れ世界中の夜景ファンを虜にする。山頂へアクセスするためのピークトラム(Peak Tram)も、眺望を楽しむアトラクションのひとつ。

## 釜臥山展望台 青森県むつ市／日本【自然夜景遺産】

下北半島の最高峰(標高878m)の釜臥山頂付近にある展望台。陸奥湾に切り取られた市街地の夜景が特徴的で、光の輪郭をたどるとアゲハチョウが夜空に羽ばたくように見える。月が昇れば、蝶が輝く宝石(パール)を求めているようなシーンを創出。市が中心となりアゲハチョウの光模様を維持するという視点から、都市計画(立地適正化計画)に取り組んでいる。

# 2 中東

先進的な建築物が続々と登場し、
急速に発展する中東の都市。
見たこともないような未来的景観は、
誰の目にも新鮮に映る。
日々の礼拝に欠かせないモスクはもちろん、
私たちにとって非日常の夜景が存在する。

# Qatar : Doha

カタール:ドーハ

ドーハはペルシャ湾南岸の半島に位置するカタールの首都で、2022年には中東初のワールドカップが開催された。広大な敷地のMIAパーク先端からウエストベイの摩天楼を望む。夜のひとときを過ごすビジャブ姿の女性達が印象的だった（2019年2月撮影）。

ウエストベイに建ち並ぶ高層ビルの数々。このエリアはビジネス地区で様々な会社の本社や省庁が集まる。特に目を引くのは、黄色い弾丸型のドーハタワー。建築界のノーベル賞といわれるプリツカー賞を受賞した建築家が設計した。何年後かに再訪すれば、また違った都市の顔を見せてくれそうだ（全て2019年2月撮影）。

シェイク・アブドゥラ・ビン・ザイド・アル・マムード・イスラム文化センター。アラビア文化とイスラム教の基礎知識を教える施設。螺旋状に延びる塔が独創的な建築で、遠くからでも非常に目立つ外観(2019年2月撮影)。

カタール最大のマーケットであるスークワキーフ。アラブ雑貨やペルシャ絨毯、金、衣類やアクセサリー、スイーツからスパイスまで、見ているだけでも楽しい、中東の雰囲気を肌で感じられる観光スポット(2019年2月撮影)。

アラブ諸国の中で最大の規模を誇るイスラム美術館は、イスラム文化圏から収集されたコレクションを展示する。石灰岩で覆われた白い5階建ての建物で、幾何学的なデザインがとても新鮮に感じた(2019年2月撮影)。

スークワキーフ東側の広場からウエストベイエリアの摩天楼を望む。日中にも増して多くの人で賑わう夜の時間帯。アラビア建築のレストランやカフェは雰囲気が良く、マーケット巡りも楽しい(2019年2月撮影)。

# TÜRKIYE : Cappadocia

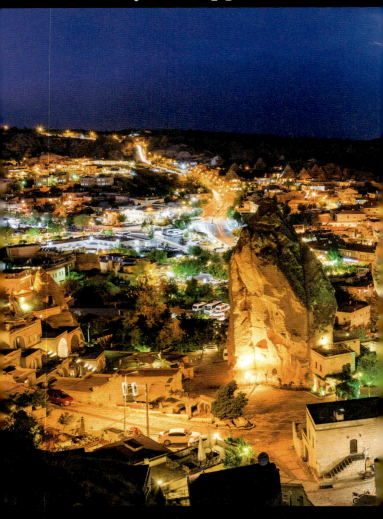

## トルコ:カッパドキア

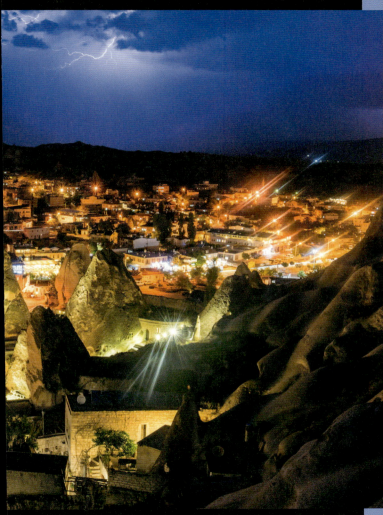

カッパドキアはトルコ中央部に位置し、世界に類を見ない不思議な形の岩が広がる景観で知られている。ギョレメ市街南端の丘から見下ろす奇岩群。空に走る稲妻が、大自然がつくり上げる神秘を、よりいっそう引き立てた(2015年6月撮影)。

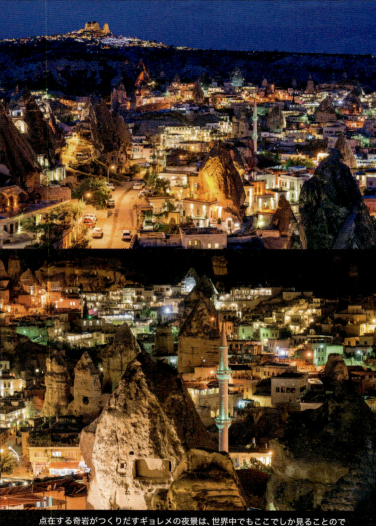

点在する奇岩がつくりだすギョレメの夜景は、世界中でもここでしか見ることのできない摩訶不思議な光景。SF映画で描かれる地球以外の星に来てしまったような錯覚に陥る。有史以前に誕生した絶景と人間との共存(ともに2015年6月撮影)。

カッパドキアには、奇岩をくり抜いてつくられた洞窟ホテルが数多くある。客室はまさに洞窟そのもので、泊まるだけでワクワクする。照明演出されたホテルの外観は、まるでテーマパークのよう(ともに2015年6月撮影)。

# Türkiye : Amasya

## トルコ：アマスヤ

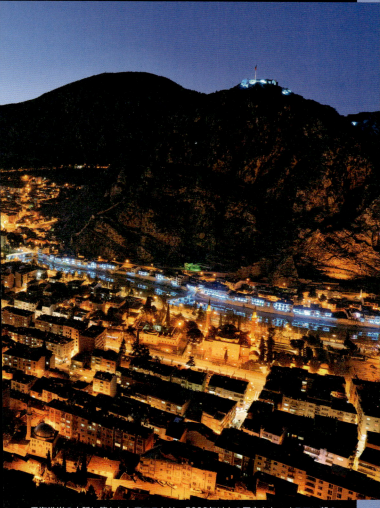

黒海沿岸の山脈に築かれたアマスヤは、5000年以上の歴史をもつオスマン朝の街。南側の岩山に登ると、峡谷に広がる街明かりが一望できた。鮮やかに照らされた川岸の家屋と、古い要塞跡がシンボリックに輝く（2020年2月撮影）。

伝統的な木造家屋が並ぶイェシル川。岩山や建物がバランス良く水面に映る場所を探し、できるだけ風のない日を選んで撮影した。時計塔のオレンジ色とブルーの照明との華やかな対比が印象的だった(2020年2月撮影)。

ハートのようなアーチに飾られ、フォトスポットとして観光客を集めていた橋。家屋だけでなく城壁や岩山を掘ってつくられた岩窟墳墓もブルーにライトアップ。岩肌にはトルコ国旗が映し出されていた(2020年2月撮影)。

イェシル川に停泊して営業するレストラン船。オフシーズンのためか、客はほとんどいなかった。日中は背後に迫る岩窟墳墓やその先の高所まで登ることができ、イェシル川南側の街並みが見下ろせる(2020年2月撮影)。

街の中心を流れるイェシル川の西方面は川岸が緑色、その近くに架かる橋はピンク＆青色にライトアップされ、とにかく色使いが派手。トルコの他都市でも感じたが、照明の色使いは間違いなくアジアに近い(2020年2月撮影)。

トルコ／アマスヤ

# Türkiye : Istanbul

# トルコ：イスタンブール

ボスポラス海峡を挟んでヨーロッパとアジアにまたがるイスタンブールは、東西文化の交差点といわれる街。埠頭に停泊する"サバサンド"の屋台船と丘の上のモスク「イェニ・ジャーミィ」。金角湾に架かるガラタ橋から（2015年6月撮影）。

内装に青いタイルを使用していることからブルーモスクと呼ばれるようになったスルタンアフメット・ジャーミィ。改修工事が終了した2023年に再訪すると、外観は淡いピンク色にライトアップされていた（2023年7月撮影）。

ガラタ橋の旧市街側にあるエミノニュ地区は、常に人で溢れている。夕暮れを迎えたエミノニュ広場から金角湾を望む。14世紀に監視塔としての役割を果たしていたガラタ塔が輝きはじめた（2023年7月撮影）

スルタンアフメット・ジャーミィとアヤソフィアのちょうど中間に位置するスルタンアフメット広場。ここはイスタンブールに来た人なら必ず訪れる公園だろう。カラフルに色を変える噴水が目印(2023年7月撮影)。

海峡に面して建つオルタキョイ・メジディエ・ジャーミィと7月15日殉職者の橋。ここオルタキョイは、ボスポラス海のヨーロッパ側に位置するエリア。モスク周辺はカフェやレストランのほか、アクセサリーを売る屋台が並ぶ(2023年7月撮影)。

チャムジャの丘はイスタンブールのアジア側、ユスキュダル地区にある海抜288mの丘。ボスポラス橋に架かる7月15日殉教者の橋や新市街のパノラマが広がる。ピクニックに来ている家族連れが特に多い印象だった(2023年7月撮影)。

スルタンアフメット・ジャーミィの西隣にある蛇の柱とテオドシウス1世のオベリスク。オベリスクは紀元4世紀にローマ皇帝テオドシウス1世が、エジプトのカルナック神殿からコンスタンティノープルに運ばせたもの(2023年7月撮影)。

スルタンアフメット・ジャーミィを間近から狙いたいと思い、モスク近くのホテルに宿泊。客室からは時間帯を気にせず夜明けまで撮影できるのでありがたい。モスクを照らす月明かりが神秘的な夜(2015年6月撮影)。

スルタンアフメット広場からアヤソフィアを望む。かつてキリスト教の大聖堂だったが、オスマン帝国時代にミナレット(塔)が加えられ、イスラムモスクとなった。1935年からは博物館であり、2020年7月には再び政府がモスクに変更した(2015年6月撮影)。

トルコ／イスタンブール

# Türkiye : Ankara

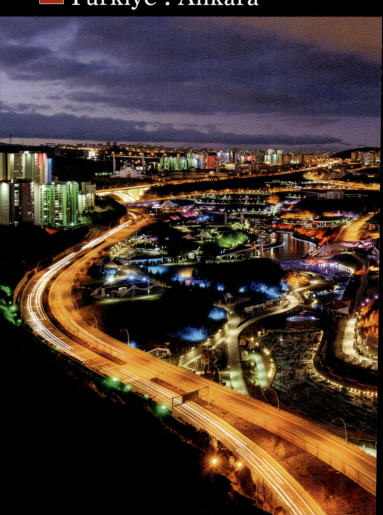

# トルコ：アンカラ

トルコの首都で、イスタンブールに次ぐ第2の都市であるアンカラ。地下鉄とタクシーを乗り継ぎ、中心地から北東へ10kmのノース・スター・パークへ向かった。モスクのある高台に登ると、ひときわ異彩を放つ公園が現れた（2020年2月撮影）。

何もかも極彩色に照らされたノース・スター・パーク。池の照明もカラフルで、次々に色を変える。これほど目立つ公園だが、意外にも訪れる人は少なかった。公園外に建つマンションにまで派手なライトアップが施されている(2020年2月撮影)。

モスクのある高台から南西方面を望む。眼下にはオレンジー色のマンション群、遠くにはアンカラ中心部のビル群が見える。周辺の丘陵はまだ開発中で、おそらくここはアンカラ郊外のベッドタウンという位置付けだろう(2020年2月撮影)。

アンカラ中心部から北西へ約7kmにあるエセルテペ・パーク。このエリアはマンションが密集して建つ丘陵地。公園内の遊歩道が螺旋状のように広がり、地形を活かしてつくられた、ほかでは見たことのない独特なデザインの公園だった（2020年2月撮影）。

エセルテペ・パークの中で一番眺めが良いのは北側の一角。遊歩道沿いにたくさんの東屋が等間隔で並び、夜景の鑑賞環境は非常に良い。ムーミン谷にありそうな三角屋根のデザインがとても愛らしい（2020年2月撮影）。

トルコ／アンカラ

# UAE : Dubai

UAE：ドバイ

7つの首長国からなるアラブ首長国連邦のひとつドバイ。未来的な建築や巨大ショッピングモール、人工島リゾートなど、進化を止めない砂漠の大都市だ。世界一の高層ビル（2024年時点）ブルジュ・ハリファからの摩天楼（2016年6月撮影）。

高さ828mのブルジュ・ハリファには148階の「AT THE TOP SKY」をはじめ、125階、屋外の124階の3か所に展望台がある。
上下：次々に開発が進む砂漠の大地。

上:北方面の巨大なジャンクションには、この都市のみなぎるパワーを感じる。
下:南側の眼下に光るのは、世界一の噴水ショー「ドバイ・ファウンテン」(全て2016年6月撮影)。

ブルジュ・ハリファ南側を流れるドバイ運河の水辺。左上：ブルジュ・ハリファの壁面にはLEDが埋め込まれ、全体が巨大なLEDビジョンになっている。右上：色が次々変わるU字形のビル。下段左右：運河沿いの遊歩道は年々整備が進み、散歩やジョギングする人たちも多く見かけるようになった（全て2022年4月撮影）。

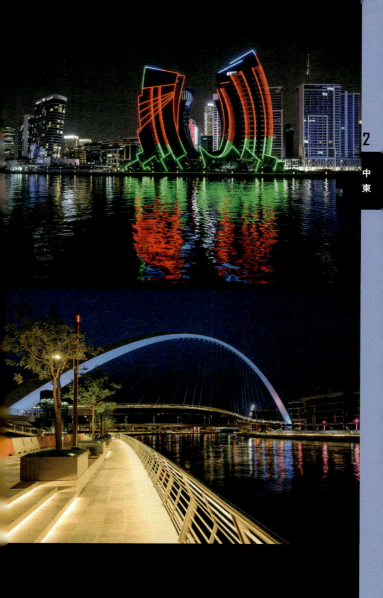

2 中東

UAE／ドバイ

未来博物館は2071年の未来へタイムスリップし、宇宙旅行ほか様々なテーマに沿った未来を体感できる施設。首相が未来について語った言葉がアラビア文字で刻まれ、それが窓になっているという斬新な外観(2022年4月撮影)。

ドバイ・マリーナの一角で見つけた雰囲気抜群の公園。球体オブジェに照らされた芝生の緑が鮮やかで、アクセントになっている青い貝殻も可愛らしい。ヤシの木の向こうには、超高層ビルが建ち並ぶ(2022年4月撮影)。

ブルジュ・ハリファにはドバイ最大のショッピングモール「ドバイ・モール」が隣接している。噴水南側のレストランが多い一角は、ちょうど水辺越しにブルジュ・ハリファが収まるお気に入りのスポット（2016年6月撮影）。

ヤシの木の形をした人工島パーム・ジュメイラの南に位置するドバイ・マリーナ。超高層ビルがそびえ立ち、曲がりくねった運河にはド派手な観光船が行き来する。周辺には豪華なホテルやレストランも多い（2022年4月撮影）。

# UAE : Abu Dhabi

UAE／アブダビ

アラブ首長国連合の首都アブダビ。事前の撮影許可は出ていたものの、イスラム教徒が断食を行うラマダン時期のため、敷地内での撮影はNGに。なんとか頼み込んで数枚撮影できたシェイク・ザーイド・グランド・モスクでの貴重な1枚（2016年6月撮影）。

新国立競技場の初期案に選ばれた建築家ザハ・ハディッドが設計したシェイク・ザイード橋。奇抜なデザインと極彩色のライトアップが圧倒的な存在感を放っていた。奥から順々に変化していく動きのある照明プログラム(2016年6月撮影)。

市街地西側のリゾートホテルが集まるビーチ沿いの夜景。左は5つの高層ビルからなる複合施設のエティハドタワーズ。青い照明が施された真ん中のビルの74階には、360度見渡せる展望台が入る(2016年6月撮影)。

広大な敷地をもつ高級リゾートホテル「エミレーツ パレス マンダリン オリエンタル アブダビ」の巨大ゲート。あくまで幹線道路に面した入口で、ホテルの建物はここから300mほど奥にある。赤・青・緑とカラフルに色を変える(2016年6月撮影)。

シェイク・ザーイド・グランド・モスクの照明システムは、月の満ち欠けによって色や明るさが変化する斬新なプログラム。角度を変えて眺めるモスクの姿は、まるでアラビアン・ナイトの世界のようだ(2016年6月撮影)。

# UAE : Sharjah

# UAE：シャルージャ

国土面積・人口ともドバイ、アブダビに次ぐアラブ首長国連邦の首長国シャルージャ。宿泊ホテルから市民の憩いの場であるアル・マジャーズ パークを望む。普段目にしないモスクと高層ビルの組み合わせが新鮮に映った（2022年4月撮影）。

ハリド湖に突き出たバタフライパークからアルヌールモスクを望む。トルコのオスマン帝国のデザインに影響されたモスクには、観光客も含め、昼夜多くの人が訪れていた（2022年4月撮影）。

アルヌール島にあるバタフライパークは自然公園になっており、20種類以上の珍しい蝶を見ることができる。文学パビリオンの建物は大胆なデザイン。アラブの国々の建築は、あまり馴染みがないせいか斬新に感じる（2022年4月撮影）。

# 3
# 北アメリカ

超高層ビルの先駆けは、北米の都市から始まった。
ニューヨーク、ロサンゼルス、
シカゴ、サンフランシスコ。
世界第1位の経済大国アメリカを筆頭に、
大地に広がる無数の明かりと
"摩天楼"の夜景が光り輝く。

# USA : New York

# アメリカ：ニューヨーク

アメリカ合衆国最大の都市であり、世界の主要な商業や金融、文化の中心地であるニューヨーク。エンパイヤー・ステート・ビルから望む摩天楼はまさに絶景。マンハッタンのシンボル「クライスラービル」がひときわ輝きを放つ（2015年5月撮影）。

エンパイヤー・ステート・ビルからロウアー・マンハッタンを望む。遠くに見える超高層ビルはワン・ワールド・トレード・センター。展望台の開業10日前だったので、残念ながら訪れることができなかった(2015年5月撮影)。

"ビルが林立"するという言葉がぴったりのマンハッタンの超高層ビル群。エンパイヤー・ステート・ビルのようなマンハッタンの中心地にある展望台は、大都市が放つエネルギーを間近で感じることができる(2015年5月撮影)。

ロックフェラー・センターの展望台「トップ・オブ・ザ・ロック」からは、遮るものなくエンパイヤー・ステート・ビルが見える。この日は雨と霧であいにくの天気だったが、なんとか夜景を撮影できた(2015年5月撮影)。

マンハッタンからバスに乗り、ニュージャージー州のハミルトン・パークを訪れた。ここは川沿いに位置する閑静な住宅街の公園で、ハドソン川を挟み横一列に並ぶニューヨークの超高層ビル群が一望できる(2015年5月撮影)。

ニューヨークで最も有名な観光地であるタイムズスクエアは、マンハッタンの7番街と42丁目の2つの通りが交差する場所にある。様々な企業やブランドロゴ・広告がLEDディスプレイに映し出され、煌々と光を放つ(2015年5月撮影)。

34丁目のヘラルド・スクエアに面したアメリカの老舗百貨店メイシーズ。足早に通り過ぎる人々のシルエットが、ショーウインドウの明かりで浮かび上がる。どこを切り取っても絵になるフォトジェニックな都市(2015年5月撮影)。

エンパイヤー・ステート・ビル86階の屋外展望台では、空を見上げると電波塔が間近に見える。この日のライトアップは緑色。タワー上部と電波塔は重要な行事や休日に合わせて、様々な色彩に変化する(2015年5月撮影)。

ブルックリン・ブリッジ・パークは、対岸のマンハッタンの夜景を鑑賞するには最適な場所。歴史を感じる吊り橋ブルックリン・ブリッジの背後にはワン・ワールド・トレード・センターやマンハッタンの摩天楼が広がる(2015年5月撮影)。

アメリカ／ニューヨーク

レンガづくりのビルから覗くブルックリン・ブリッジが絵になるワシントン・ストリートは、映画やテレビにもよく登場する人気のフォトスポット。実は橋の隙間からエンパイヤー・ステート・ビルも見える（2015年5月撮影）。

雨の日は、雨の日にしか見ることができない夜景が現れる。ニューヨークで最も伝統のあるコンサートホール「ラジオシティ・ミュージックホール」前の交差点。カラフルなネオンが、濡れた路面を彩っていた（2015年5月撮影）。

6thアベニューとウエスト35thストリートの交差点にあるウォールアート。この時はスペイン発のファッションブランドの広告だったが、サイケデリックな色使いが目を引き、まるでアート作品のようだった(2015年5月撮影)。

ぎらぎらとLEDディスプレイが輝く夜のタイムズスクエア周辺。一日中人々や車で溢れているこのエリアは、ニューヨークの象徴とも言える場所だ。フォトジェニックな星条旗の電飾にカメラを向ける人が多かった(2015年5月撮影)。

アメリカ/ニューヨーク

# USA : Los Angeles

# アメリカ：ロサンゼルス

アメリカ西海岸に位置するロサンゼルスは、美しいビーチや映画産業で知られる同国屈指の大都市。ハリウッドの小高い丘の上にあるグリフィス天文台からは、ダウンタウンの高層ビル群をはじめ、ロサンゼルスの街並みが一望できる（2017年5月撮影）。

ロサンゼルスを南北に結ぶフリーウェイ110号は、朝夕の交通量が非常に多い。ダウンタウンのウエスト3rdストリート付近から中心地のビル群を長秒撮影した。両車線とも次々に車が通り過ぎていく(2017年5月撮影)。

ダウンタウン中心地で夜景散策。夜の治安はあまり良くないため、常に細心の注意を払いながら行動した。U.SバンクタワーはLAを象徴する超高層ビル。フリーウェイ110号の入口付近で撮影(2017年5月撮影)

パロスベルデス半島の高台から望むロサンゼルス。ダウンタウンからハリウッド、サンタモニカビーチまでが一望できる。この周辺は高級住宅地で、夜景もさることながら、太平洋に沈む夕日も美しい(2006年10月撮影)。

波打つステンレスパネルが圧倒的な存在感のウォルト・ディズニー・コンサートホール。アメリカを代表する建築家フランク・ゲーリーの設計で、ダウンタウン中心地を走るサウス・グランド・アベニュー沿いに建つ(2017年5月撮影)。

サンタモニカのビーチに訪れる夕暮れ。美しい空のグラデーションにパームツリーのシルエットがくっきりと浮かび上がる。サンタモニカ・ピアで光る華やかな遊園地の明かりが郷愁を誘った（2006年10月撮影）。

LAの中でもとにかく人が多いハリウッド。1927年に建てられたグローマンズ・チャイニーズ・シアターは中国風の寺院建築の劇場で、アカデミー賞の授与式や、数々の有名映画の初演が行われてきた場所として知られている（2017年5月撮影）。

サンタモニカ・ピアの入口にあるサインには、ノスタルジーを感じる。高校時代、図書室でアメリカのガイドブックを見るのが好きだった。その中で目にする西海岸の風景に憧れを抱いていた当時の記憶が蘇ってくる(2006年10月撮影)。

ハリウッド・ブールバードとハイランド・アベニューの交差点付近。ここは2006年にも一度撮影した場所。相変わらずパームツリーと派手なネオンに西海岸の風情を感じたが、さすがに少し様変わりしていた(2017年5月撮影)。

アメリカ／ロサンゼルス

# 🇺🇸 USA : San Francisco

## アメリカ：サンフランシスコ

カリフォルニア北部に位置し、多様な文化が混ざり合う大都市サンフランシスコ。この街の代名詞ともいえるゴールデン・ゲート・ブリッジをホークヒルから望む。強風で揺れる三脚を必死に押さえながら撮影した（2022年4月撮影）。

ゴールデン・ゲート・ブリッジには橋の両側に多くの展望スポットが点在する。写真は北側の砲台のあった展望ポイントから。月明かりが海峡を航海する船を照らし出す。海面に光の道が現れた、とても印象深い夜だった(2022年4月撮影)。

ダウンタウンの南西約5kmに位置するツインピークスは夜景の名所。標高約280mの2つの丘から構成され、サンフランシスコの大パノラマが広がる。高層ビルが建ち並ぶ中心地は、ひときわ明るく輝く(2022年4月撮影)。

世界で最も幅の広い橋として知られるオークランド・ベイブリッジ。1988年に瀬戸大橋が開通するまでは、世界一長い吊橋だった。白色に浮かび上がる橋の輪郭が美しい。トレジャー島のヨットハーバー付近から（2022年4月撮影）。

アイナ・クールブリス・パークからダウンタウンの中心部とオークランド・ベイブリッジを望む。ロシアンヒルと呼ばれるこのエリア一帯は丘の上に位置し眺望が良い。三角形のビルはトランスアメリカ・ピラミッド（2022年4月撮影）。

アメリカ／サンフランシスコ

オークランド・ベイブリッジに昇る満月。来た道を戻ればゴールデン・ゲート・ブリッジの赤い主塔と絡めて撮影できそうだった。しかし目の前の神秘的な月の印象は失われると思い、結局、戻らずに撮影した(2022年4月撮影)。

パレス・オブ・ファイン・アーツは、1915年のサンフランシスコ万国博覧会のために建てられた。ギリシャ・ローマ遺跡をイメージしただけあり、アメリカにいることを忘れさせる建物。円形ドームの内側には精巧な装飾が施されている(2022年4月撮影)。

アラモ・スクエアから眺めるダウンタウンの街並み。ビクトリアンハウスとビル群のコラボレーションは、映画やドラマでよく知られた風景。月並みではあるが、どうしても訪れたかった場所のひとつ（2022年4月撮影）。

パシフィック・アベニューとカーニー・ストリートの交差点に建つコロンバスタワー。1907年に完成したこのビルは、その外観と緑青のような色で特に目を引いた。左に建つトランスアメリカ・ピラミッドとのギャップも面白い（2022年4月撮影）。

アメリカ／サンフランシスコ

# USA : Chicago

# アメリカ：シカゴ

シカゴはアメリカ五大湖のひとつであるミシガン湖畔に広がる大都市。1800年代後半から高層ビルが多く建てられ"摩天楼発祥の地"として知られる。全米第2位の高さを誇るウィリス タワー・スカイデッキからの大パノラマ(2017年5月撮影)。

シカゴの摩天楼とフリーウェイを1枚の写真に収めるため、中心地から少し離れた街の橋上に。落下物防止の金網が視界を遮っていたが、幸いにも写真を撮るため?に開けたと思われる穴が数か所あったので、難なく撮影できた(2017年5月撮影)。

1921年に映画館としてオープンしたシカゴ劇場。現在は各種コンサートやミュージカル公演が行われている。街灯にはためく星条旗と、歴史を感じるCHICAGOのネオン。幼少期に抱いた"アメリカ"のイメージがそこにあった(2017年5月撮影)。

ミシガン大通橋の南側からノース・ミシガン・アベニューを望む。白いビルはチューインガムで有名なリグレー社の本社ビル。ルネッサンス様式のクラシックな外観。はす向かいに建つゴシック様式のトリビューンタワーとは対照的(2017年5月撮影)。

シカゴ川に架かるクラーク・ストリート・ブリッジと、カラフルにライトアップされたリード・マードック・ビル。7階建てのオフィスビルで、レンガづくりの重厚な建物。縦のラインを強調した照明が目を引く(2017年5月撮影)。

# 🇺🇸 USA : Las Vegas

# アメリカ：ラスベガス

ラスベガスはネバダ州の砂漠の中につくられた、カジノやエンターテインメントで有名な都市。東に位置するサンライズマナーからメイン通りであるストリップの華やかな光群を望む。前日に吹き下す強風で三脚が倒れ、レンズが割れてしまった（2006年10月撮影）。

フリーモント・ストリート・エクスペリエンスのワンシーン。ダウンタウンの歩行者専用モールで、約450mにわたり毎晩開催される光と音のショー。1900年代末の開始当時はまだ電球だったが、2004年に全てがLEDにアップグレードされた(2006年10月撮影)。

ストラトスフィアタワーの展望台から望むストリップのネオン群。このタワーでは普通に夜景鑑賞するだけでなく、3つの絶叫アトラクションからスリルを味わいながらラスベガスの夜景が楽しめる(2006年10月撮影)。

数々のカジノホテルの中でも個人的に気に入っているフラミンゴ・ラスベガス。特に入口で出迎えてくれるクラシックな電飾に惹かれる。タイミング良くタクシーが停まったので、ネオンがボディに映り込む位置に移動し、急いで撮影した(2006年10月撮影)。

# 🇨🇦 Canada : Calgary

## カナダ:カルガリー

カナダ西部のカルガリーは高層ビルの建ち並ぶ北米有数の都市。中心地からトラムに乗り、エンマックス・パークを訪れた。高台からは1988年の冬季オリンピック会場になったスコシアバンク・サドルドームやカルガリータワーが一望できた（2019年4月撮影）。

ダウンタウンの北東側は高台になっており、眺めが良い場所が点在している。ロータリーパーク周辺から望むセンター・ストリート橋とカルガリーのスカイライン。間もなく夜景の時間を迎える(2019年4月撮影)。

オリンピック・プラザは、1988年カナダ冬季オリンピックの時に建設されたスケート場で、ここで表彰式も行われた。現在は都市公園として、ダウンタウン中心地を訪れる市民の憩いの場となっている(2019年4月撮影)。

ボー川に架かるピースブリッジは、スペイン人建築家サンティアゴ・カラトラバの設計。歩行者や自転車専用の橋のため、それほど大きくないが、鮮やかな赤色と先鋭的なデザインがひときわ目を引く（2019年4月撮影）。

ダウンタウンの中で一番洒落た通りと言えばステファン・アヴェニュー。雰囲気の良いレストラン・カフェをはじめ、土産物やこの土地ならではのウエスタンカウボーイグッズを販売する店なども集まる（2019年4月撮影）。

# 🍁 Canada : Toronto

# カナダ:トロント

トロントはオンタリオ湖の北岸西部に位置するオンタリオ州の州都。ユニオン駅南側からフェリーでトロント島に渡ると、この都市を象徴するCNタワーをはじめ、横一列に並ぶビル群のスカイラインが一望できた(2016年6月撮影)。

ダウンタウンのフロント・ストリート・イーストから望むレンガづくりのグッダーハム・ビル（別フラットアイアン・ビル）と高層ビル群の共演。わずかなビルの隙間からCNタワーの姿も見える（2016年6月撮影）。

ロイヤルオンタリオ博物館には、世界の自然史・文化史を紹介する様々な展示品が集まる。重厚な石づくりの本館と、鉱物の結晶をモチーフにしているという建物が一体化したとても奇妙な外観（2016年6月撮影）。

トロントはカナダ最大規模を誇る都市だけあり、高層ビルが林立している。ビルの谷間を歩きふと空を見上げると、ニューヨークのマンハッタンを思い出すが、もちろんマンハッタンほどの喧騒感はない（2016年6月撮影）。

ビクトリア女王にちなんで名付けられた緑豊かなクイーンズ・パーク。南端には1893年に建造されたロマネスク様式のオンタリオ州議会議事堂が建つ。夜には陰影効果も手伝って、昼にも増して威厳を感じた（2016年6月撮影）。

# Canada : Montreal

カナダケベック州最大の都市モントリオールは、フランス文化が根付き"北米のパリ"と呼ばれる。モン・ロワイヤル公園のコンディアロンク展望台から望むダウンタウン中心地。夕方に降り出した雨が上がり、雲の間から青い空が覗いた(2019年5月撮影)。

旧市街の聖スルピス通り一角にあるモントリオール・ノートルダム大聖堂。北米最大規模のカトリック教会で、特徴的な2本の塔をもつ。聖堂内部の華やかに装飾された祭壇やステンドグラスが素晴らしかった(2019年5月撮影)。

# カナダ：モントリオール

モン・ロワイヤル公園にいたるカミリヤン＝ウード道路には、駐車場が整備された展望スペースがあった。写真は1976年のモントリオール・オリンピックのメイン会場として建設されたオリンピック・スタジアム（2019年5月撮影）。

ブルーにライトアップされたモントリオール現代美術館。正面広場には地面から噴き出す噴水が設置され、子供たちにはいい遊び場だ。目を引いた街灯のデザイン。クレーンのような巨大な照明が高所から地上を照らす（2019年5月撮影）。

高さ60mのモントリオール観覧車はカナダで最も高い観覧車で、旧港や市街地を一望。このエリアには海賊をテーマにしたアスレチック施設や、科学技術の展示や体験が楽しめるサイエンスセンターがある(2019年5月撮影)。

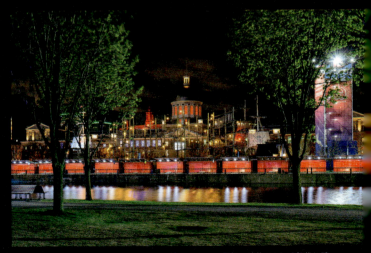

セント・ローレンス川のリバーサイド夜景。ドーム屋根の建物は1840年代に建てられたボンスクールマーケット。元は中央青果市場だったのが、その後、劇場や市庁舎を経て、現在はカフェ、レストラン、土産屋などが並ぶ(2019年5月撮影)。

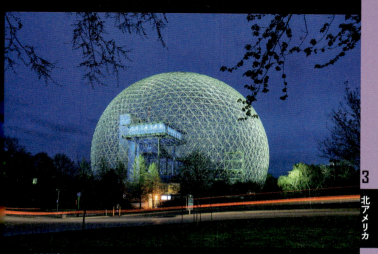

1967年のモントリオール万博会場となったサン・テレーヌ島。写真のバイオスフィアは水に関する博物館で、当時はアメリカのパビリオンだった。設計者はリチャード・バックミンスター・フラー。じわじわと色が変化していく(2019年5月撮影)。

テレーヌ島からジャック・カルティエ橋を望む。鋼製のトラスカンチレバー橋で、ニューヨークのイーストリバーに架かるクイーンズボロ橋に似ていた。奥から手前に向かって徐々にライトアップの色が変化する(2019年5月撮影)。

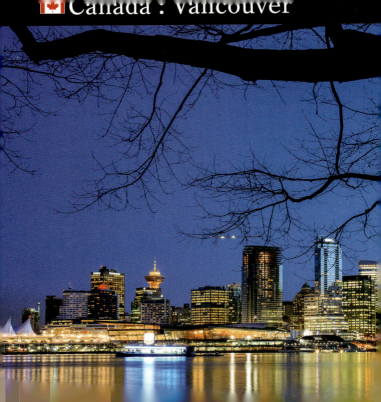

# カナダ:バンクーバー

バンクーバーはカナダで最も人口密度が高い、ブリティッシュコロンビア州の港湾都市。広大なスタンレー・パークは、観光客をはじめ市民の憩いの場としても人気だ。美しいブルーモーメントとダウンタウンのスカイライン(2009年2月撮影)。

先件のあるカスタウンにある蒸気時計。製作は時計職人レイモント・サンダース。蒸気を動力とし、15分おきに笛が鳴る。小樽のオルゴール堂本館前には、サンダース氏の2台目となる蒸気時計が建つ（2009年2月撮影）。

ウエストバンクーバーのサイプレス・ボウル・ロードからライオンズ・ゲート・ブリッジとダウンタウンを望む。このエリアは高台の高級住宅地。多くの家が眺望を活かしたつくりになっていた（2009年2月撮影）。

グランビル・アイランドから望むグランビルストリートブリッジ。ここは工場地帯の再開発として生まれた観光エリア。野菜や果物を売るパブリックマーケットをはじめ、ブティックやアートギャラリーほか7つのエリアからなる（2009年2月撮影）。

グランビル・アイランドの入口となるグランビルストリートブリッジでは、レトロなネオンが出迎えてくれる。ぼんやりと浮かび上がる橋の構造と相まって、歴史のある遊園地にでも遊びに来たようだった(2009年2月撮影)。

# 4
# 南アメリカ

ヨーロッパ諸国の植民地として
数々の歴史をもつ南米の国々。
セントロと呼ばれる旧市街には、
当時の影響を受けた教会や中央広場が残る。
様々な文化との融合を繰り返し発展した街は、
趣の異なる独特の夜をつくり出している。

# Brazil : Rio de Janeiro

# ブラジル：リオ・デ・ジャネイロ

リオ・デ・ジャネイロは「世界三大美港」に数えられるブラジル南東部の都市。複雑に入り組む海岸線と奇岩がつくり出す独特な夜景を、ポン・ジ・アスーカルの展望台から望む。右の山上で白く輝くのはコルコバードの丘のキリスト像（2015年4月撮影）。

リオ・デ・ジャネイロといえばコルコバードの丘が有名だが、この写真はやや低い場所にあるドナ・マルタ展望台から。治安が非常に悪いが、この時は警察が常駐していたので安心して撮影できた（2019年4月撮影）。

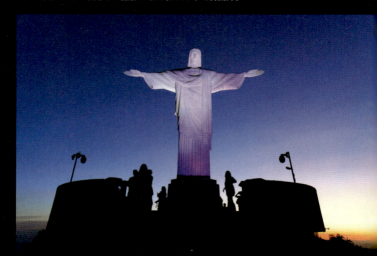

コルコバードの丘のキリスト像。台座を含む高さ38m、広げた手の左右は28mと巨大。前ページの写真のように、遠景からは十字架のようにも見える。リオ・デ・ジャネイロのシンボル（2019年4月撮影）。

コルコバードの丘からロドリゴ・デ・フレイタス湖を見下ろす。この湖はイパネマ海岸によって大西洋と隔てられている潟湖。クリスマスには世界最大の湖上クリスマスツリーが登場し、華やかな点灯式が行われる(2019年4月撮影)。

ポン・ジ・アスーカルの展望台から南西方面を望む。この場所は小さな半島に突き出した奇岩の上で、2つのロープウェイを乗り継いで到着する。左の弧を描くように延びるビーチは、長さ4.3kmのコパカバーナ海岸(2015年4月撮影)。

ブラジル／リオ・デ・ジャネイロ

スペイン人建築家サンティアゴ・カラトラバが設計した「明日の博物館」。彼がイメージしたのは、ボート、鳥、植物とのこと。私には周囲にめぐらされた水盤に建物が映り、大きく口を広げた鳥のように見えた(2019年4月撮影)。

カリオカ水道橋は18世紀に建設され、全長270m、42連の二重アーチ橋として完成した。写真には写っていないが、橋の最上部に1両の黄色い路面電車が走り、その姿がなんとも可愛らしい。後ろに見えるのはリオ・デ・ジャネイロ大聖堂(2015年4月撮影)。

リオ・デ・ジャネイロ五輪の開催に合わせ再開発された東部港湾地区には、カラフルな壁画がある。ブラジル人壁画アーティストの作品で、世界五大陸の先住民の顔を描いたもの。高さは約15mと巨大(2019年4月撮影)。

旧市街にあるギリシャ神殿を思わせるチラデンチス宮殿。かつては帝国議事堂であったが、1960年に首都がリオからブラジリアに移ったのを期に、リオ・デ・ジャネイロ州議会議事堂になった(2019年4月撮影)。

# Brazil : Brasilia

ブラジル:ブラジリア

ブラジルの首都ブラジリアは、1960年に標高約1100mの高原地帯に人工的に築かれた。主要な建築物は、ブラジル人建築家のオスカー・ニーマイヤーが設計。写真のブラジリア大聖堂(カテドラル・メトロポリターナ)は、代表作のひとつ(2015年4月撮影)。

建築家オスカー・ニーマイヤーの建築の数々。
上:三権広場にあるジュセリーノ・クビチェック大統領の顔像。奥の建物はアルボラーダ宮殿(大統領官邸)。
下:三権広場の近くにあるブラジル外務省庁舎は美術館のような建物。

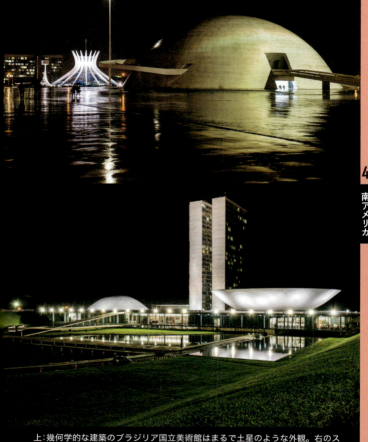

上：幾何学的な建築のブラジリア国立美術館はまるで土星のような外観。右のスロープからエントランスにアプローチする。
下：28階建てのツインタワーがシンボルの連邦会議議事堂。左右の半球はそれぞれ上院と下院の議事堂というユニークなつくり（全て2015年4月撮影）。

ブラジル／ブラジリア

# Peru : Lima

ペルー：リマ

南米大陸の太平洋に面した都市リマはペルーの首都。チャラと呼ばれる海岸砂漠地帯に位置し、年間を通してほとんど雨が降らない。モロ・ソラールの丘から望む霞がかったリマ市街地が残照に包まれた（2016年4月撮影）。

モロ・ソラールの丘に建つキリスト像は、土台と合わせ37m。駐車している車と比較すると、その巨大さがわかる。ここへのアクセスは治安が良くないエリアを通るため、訪れる人は少なかった（2016年4月撮影）。

リマ発祥の地として知られるマヨール広場の南東側に建つリマ大聖堂。ペルー最古のカテドラルで、大地震により幾度となく増改築されたため、ゴシックやロココなどの建築様式が混在する（2016年4月撮影）。

リマ旧市街の北に位置するサン・クリストバルの丘から眺めるペルーの大パノラマ。うっすらと地平線を覆う霧が印象的だった。山頂からの眺望は良いが、登る途中にスラム街が広がり治安は良くない（2002年4月撮影）。

黄色い外観が目を引く建物は、マヨール広場の北西側に建つリマ市庁舎。白く縁取られたアーチとコロニアル風の木製バルコニーが特徴的で、公園の緑がよりその姿を引き立てていた（2016年4月撮影）。

# Peru : Huacachina

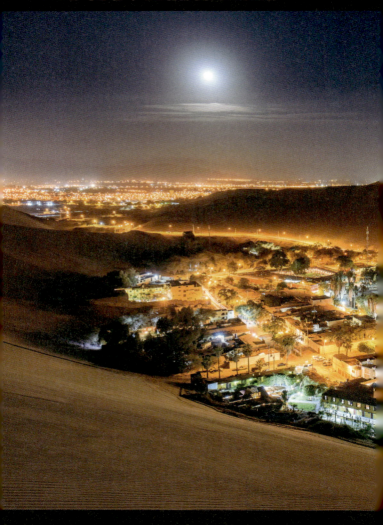

ペルー：ワカチナ

ワカチナはペルー南西部に位置する小さなリゾート地。首都リマからはバスとタクシーを乗り継ぎ5時間ほどで到着した。撮影のため急いで機材を担ぎ砂丘の頂上へ。あたりが闇に包まれると、雲を越えた月が夜空を照らしはじめた（2016年4月撮影）。

砂漠の上から見る風景はまさに"砂漠のオアシス"。下に降りて角度を変えながら湖周辺を数枚撮影した。水はそれほど綺麗ではなかったが、周りを囲むヤシの木や砂丘が湖に映り込み神秘的だった(2016年4月撮影)。

南西側を除く湖畔にはホテルやレストランが並ぶ。ほとんどのホテルにはプールがあるが、それほど"リゾート感"はなかった。ワカチナで人気なのは、砂漠をサンドバギーで駆け抜けるアクティビティ(2016年4月撮影)。

湖南側の砂漠の頂上からイカの街がある東方面を望む。次第に夜景らしくなってくる時間帯は、なんとも言えない色の瞬間がある。西方面は砂丘のみだが、北〜東〜南方面には街明かりが広がる（2016年4月撮影）。

砂丘を登るのは想像以上に大変だった。苦労したので、撮影を終えてからもしばらく頂上でのんびりとした時間を過ごした。夜空に広がる満天の星を見上げながら、明かりのなかった時代に思いを馳せる（2016年4月撮影）。

ペルー／ワカチナ

# Bolivia : La Paz

# ボリビア：ラ・パス

アンデス山脈の盆地にあるボリビアのラ・パスは、標高3500m以上で世界最高所にある首都だ。西側の高台から市街地を望むと、すり鉢状に広がる街の向こうに、雪に覆われた6438mのイリマニ山が見えた（2002年4月撮影）。

夕方の到着を目指していたが、道路工事による渋滞で足止めされ、車を降りて走らなければならなかった。案の定、その夜は高山病の症状で苦しむことに。翌日、ペルーのリマに着いた頃には嘘のように回復していた(2002年4月撮影)。

街の中心地はすり鉢の底に位置する場所にある。高台から下っていく道沿いには生活雑貨や服、お土産を売る店をはじめ、カフェやレストランなどが並んでいた。石畳に反射する街灯の光が眩しい(2002年4月撮影)。

# 5
# オセアニア

南太平洋を代表する
オーストラリアやニュージーランドには
近代的な都市の中にあっても、
自然を身近に感じる雰囲気がある。
多文化の共生を経て発展したからこそ
様々な顔をもつ街の姿を見せてくれる。

# Australia : Melbourne

## オーストラリア：メルボルン

1927年まで首都が置かれていたメルボルンは、オーストラリア南東部の海岸沿いの街。"世界一住みやすい街"と言われ、緑豊かな公園が点在する。フリンダース・ストリート駅のライトアップは、以前に比べカラフルになっていた（2022年6月撮影）。

メルボルン・スカイデッキは南半球一の高さを誇る展望台。88階からは市内を360度見渡せる。写真は北東方面の夜景。ヤラ川を眼下に、その北側に林立する高層ビル群やフリンダース・ストリート駅の光が煌々と輝く(2022年6月撮影)。

プリンセス橋の北側からフリンダース・ストリート駅とセント・ポール大聖堂を見上げる。トラムや人がひっきりなしに行き来するスワンストン・ストリートは、深夜を過ぎてようやく落ち着きを見せはじめた(2015年12月撮影)

フリンダース・ストリート駅をヤラ川対岸から望む。全長708mにもおよぶ1番線のプラットフォームは、世界有数の長さを誇る。左のブルーにライトアップされたアーチ型の橋は、エヴァン・ウォーカー橋(2018年6月撮影)。

ガラス張りのデザインが斬新な外観のイアン・ポッター・センター NGV オーストラリア。オーストラリア国内の2万点以上の美術品のみを収集・展示している。照明により複雑な幾何学の構造が浮かび上がる(2018年6月撮影)。

フェデレーション・スクエアに隣接した観光案内所のガラスに、セント・ポール大聖堂を映して撮影。2022年に再訪すると、駅周辺の都市整備のためか、観光案内所は取り壊されなくなっていた(2015年12月撮影)。

ヤラ川に架かる歩行者・自転車専用のウェブ・ブリッジ。アートプロジェクトの一環としてコンペにより選ばれた、デザイン性の高い橋。水面に映ったシンメトリーな姿は、まるで巨大な白蛇のように見えた(2018年6月撮影)。

スワンストン・ストリートを挟んでフリンダース・ストリート駅の向かいにあるフェデレーション・スクエア。2002年にオープンしたこのパブリックスペースでは、様々なイベントが開催され、日夜たくさんの人で賑わう（2022年6月撮影）。

ヤラ川のサウス・ワーフ・プロムナード沿いの夜景。このあたりは川の眺望を活かした雰囲気の良いレストランが並ぶ。奥に見えるのは歩行者専用のシーファーズ橋。半楕円形の橋塔が回転するように連なる特徴的なデザイン（2015年12月撮影）。

オーストラリア／メルボルン

# Australia : Brisbane

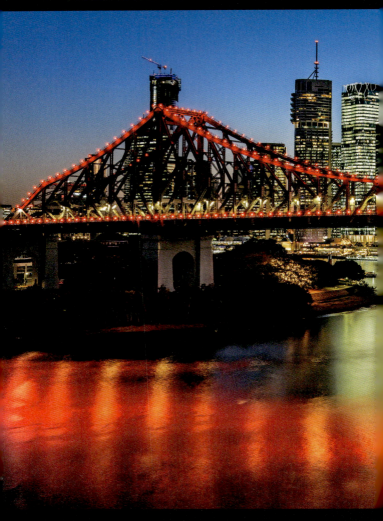

# オーストラリア：ブリスベン

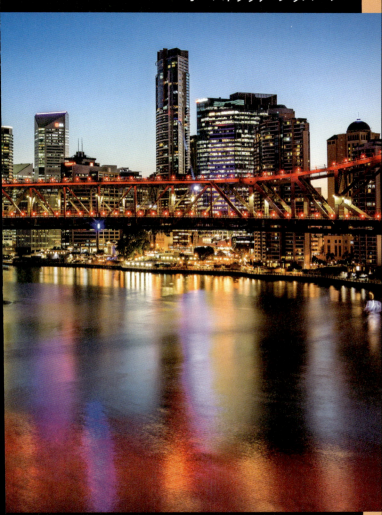

クイーンズランド州の州都ブリスベンはシドニー、メルボルンに次ぐオーストラリア第三の都市。2032年には夏季オリンピックの開催が予定されている。ライトアップされたストーリーブリッジが、水面を真っ赤に染め上げた（2018年6月撮影）。

ニュー・ファーム・リバーウォークは、ブリスベン川の両岸数キロにわたり整備された歩行者・自転車専用道路で、各所から夜景鑑賞が可能。高台での撮影を終えて遊歩道に下りてくると、ストーリーブリッジの照明が紫色に変化していた(2018年6月撮影)。

都市名をかたどったオブジェは世界中の様々な場所で見かける。ブリスベンでは、アルファベットのデザインがとてもカラフルで、アーティスティックなものだった。旅行の思い出にと多くの人がカメラを向ける(2018年6月撮影)。

ブリスベンでは凝ったデザインの橋を多く見かけた。このクリルパ・ブリッジもそのひとつ。歩行者・自転車専用の橋で、多数のワイヤーとポールがランダムに並ぶ斬新さ。照明の色も次々に変化していく(2018年6月撮影)。

ブリスベン・スクエア図書館の向かいに建つ、赤くライトアップされたトレジャリー・カジノ。19世紀初頭に建てられた元財務省の重厚な建物を再利用している。カジノのほか、レストラン・バー、ホテルを併設(2018年6月撮影)。

# 🇦🇺 Australia : Sydney

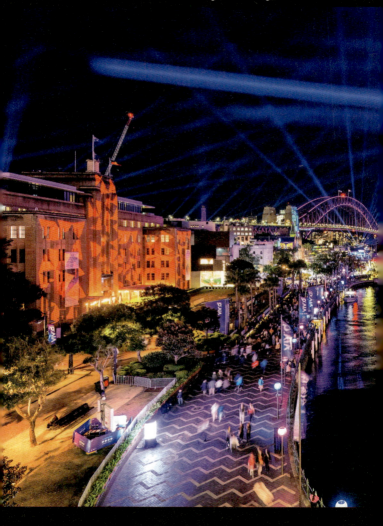

## オーストラリア：シドニー

オーストラリア最大の都市シドニー。2009年よりスタートしたビビッド・シドニー（VIVID SYDNEY）は、様々なアイデアを駆使してつくられた、光と映像と音楽の芸術祭。約3週間にわたり煌びやかな光が、夜の街をキャンバスに華やかに彩る（2022年6月撮影）。

上：ハーバー・ブリッジに近いザ・ロックスは、レンガづくりの建物が続く古い街並み。光のアート作品なども置かれている。
下：色とりどりの幾何学模様が展開するシドニー現代美術館のプロジェクション・マッピング（ともに2022年6月撮影）。

上:オペラハウス周辺はカフェやレストランから華やかなプロジェクション・マッピングが鑑賞できるとあって、多くの観光客を集めていた。
下:ダーリングハーバーエリアの壮大な噴水ショー。間近で見ると水しぶきがかかるほどの迫力(ともに2022年6月撮影)。

オーストラリア／シドニー

# 🇳🇿 New Zealand : Auckland

# ニュージーランド:オークランド

オークランドはニュージーランド北島北部の街。ヨットやボートの所有者が多いことから"シティ・オブ・セイルズ"(帆の街)と呼ばれている。中心地の対岸に位置するマウント・ビクトリアから。一日の中でも色彩豊かな美しい時間帯(2015年12月撮影)。

聖パトリック教会の南側、フェデラル・ストリートからスカイ・タワーを望む。このタワーは街のいたるところから目にするオークランドのシンボル。海と陸が入り組む変化に富んだ風景を360度眺められる展望台がある(2015年12月撮影)。

1911年に建設されたブリトマートトランスポートセンターは、1988年まで中央郵便局として使われていた歴史を感じる重厚な建物。写真は隣接する反対側の鉄道駅出入口。ガラスを使った現代建築で、正面の外観とは全く異なる印象(2015年12月撮影)。

ウィンヤード・クオーターから歩行者専用のウィンヤード・クロッシング・ブリッジとスカイ・タワーを望む。この一帯はカフェやレストランが並ぶウォーターフロントエリア。ヨットやボートも停泊し、港の風情を感じる（2015年12月撮影）。

多くの船が出航するフェリーターミナルのビルは、イギリス風のクラシックな外観。1912年に完成したエドワード・バロック様式の建築で、クロックタワーの文字盤が印象的なデザインだった（2015年12月撮影）。

# New Zealand : Mount Maunganui

マウンガヌイはニュージーランド北島の東海岸に位置する海辺の街。三方を海に囲まれた地形は函館山のようだ。休火山であるマウンガヌイ山の標高は232m。スケールでは函館山に及ばないが、山頂からは函館山と重なる風景が広がる（2015年12月撮影）。

マウンガヌイ山の撮影を終え、山を下りる時に出会った夜景。海岸線に煌々と輝く光は、街の西側の海岸線に続くコンテナターミナルの明かり。緑に覆われた丘陵部には放牧された羊が静かに佇んでいた（2015年12月撮影）。

# 6 アジア

極彩色のネオンが輝くカジノや、
疾走する無数のオートバイ。
派手な電飾の三輪タクシー、深夜まで賑わう夜市。
高層ビルが建ち並ぶ大都市だけではなく、
混沌とした街の表情も、
アジアの夜の面白さのひとつ。

# Singapore

# シンガポール

シンガポールはマレー半島の南端に位置する都市国家。本島のシンガポール島のほか、大小約50のサザンアイランズの島々からなる。建国50周年を祝う花火が、マリーナベイの夜空を華やかに飾る(2015年8月撮影)。

ガーデンズ・バイ・ザ・ベイは広大な敷地につくられた植物園施設。ひときわ目を引く未来的なデザインのスーパーツリーでは、毎晩2回、光と音楽ショーが開催される。あらゆる色彩で人々を魅了する極彩色の空間(2016年4月撮影)。

マリーナベイのプロムナードから望む対岸の高層ビル群。この周辺は高級ブランドの店舗やアート・サイエンス・ミュージアムがあるエリア。アッパーライトで浮かび上がるヤシの木の緑が鮮やか(2016年4月撮影)。

マリーナベイに昇る月と植物園「ガーデンズ・バイ・ザ・ベイ」。左は世界最大のガラス温室として2015年にギネス世界記録に登録されたフラワードーム。五大陸の植物や花々がドーム内を彩る(2015年1月撮影)。

ユース・オリンピック公園からヘリックスブリッジを望む。2010年に完成した歩道橋で、DNAの螺旋構造に着想を得たデザイン。後ろの建物は屋上のインフィニティプールで有名なホテル「マリーナベイ・サンズ」(2016年4月撮影)。

シンガポール

シンガポール川沿いにあるクラーク・キーは、ナイトライフの定番スポット。レストランをはじめ、バーやクラブが軒を連ね、いつも活気に満ちている。派手な照明の色使いが、いっそう気分を盛り上げる(2015年8月撮影)。

多民族国家のシンガポールは、チャイナタウン、リトルインディア、アラブストリートなど、それぞれの地区で違った風景が楽しめる。サルタン・モスクは1824年に建てられたシンガポール最古のイスラム教寺院(2016年4月撮影)。

シンガポールといえば、このマーライオン・パークの風景を思い浮かべる人も多いのではないか？ マーライオンとは、ライオンの頭と魚の体をもつ伝説上の生き物。ビル群と併せて撮れる一番の人気ポイントから（2015年8月撮影）。

シンガポール川の河口近くに架かるアンダーソン橋。両側には歩行者専用の歩道があり、その入口には白い立派な門がある。後ろの建物は国定史跡として認定されている「ザ・フラートン・ホテル・シンガポール」（2016年4月撮影）。

# Thailand : Bangkok

タイ：バンコク

厳かな仏教文化が息づくタイの首都バンコクは、美しい仏教建築と増え続ける高層ビルとが共存する。バンコクの近郊にあるワット・アソカラームの夕暮れ。13の規範の象徴である13の仏塔が、神々しく純白に輝く（2022年5月撮影）。

マハナコーン・スカイウォークは2018年末にオープンした超高層ビルの展望台。屋内と屋外に分かれ、屋外の床の一部はガラス張りになっている。バンコクの夜景を浮遊しているような気分が味わえる人気の体験アトラクション（2022年5月撮影）。

王宮の東側にあるタイ王国の国防省。黄色と白の外観が印象的なヨーロッパ様式の建物。正面にはタイ国王と王妃の肖像写真が飾られ、敷地内にはいくつもの年代物と思われる大砲が設置されていた（2022年5月撮影）。

ターティアン桟橋近くのチャオプラヤ川に面した公園。国王ラーマ9世の写真とともにイルミネーションが輝く。2022年に再訪してみると、公園のエリアは工事中になっていた。今後新しい何かができるのかもしれない(2014年12月撮影)。

国王が訪問者を迎えるために建てられたロイヤル パビリオン マハジサダバディン。手入れされた植栽が点在する敷地内にはラマ3世王像が建つ。後ろの寺院はラーマ3世がソーマナット王女のために建てたワットラチャナダラム(2022年5月撮影)。

アジアを旅するバックパッカーの拠点として有名なカオサン通りから1本北にあるランブトリ通り。近年はカオサン通りをしのぐ人気のようだ。深夜になっても賑わい続けるアジア独特のストリート夜景(2014年12月撮影)。

街中で煌々と輝いている銀行のショッキングピンクの看板に惹かれ、思わずシャッターを切った。目の前に停まる客待ちのトゥクトゥクと屋台で食事をする人たちが、いかにもバンコクらしい風景(2014年12月撮影)。

三島由紀夫の小説にも登場し、バンコクを代表するランドマークであるワット・アルン（暁の寺）。チャオプラヤー川とは別の角度から撮影しようと思い、寺院西側の裏通りへ。祈りを終えた若い僧侶たちが家路につく（2014年12月撮影）。

バンコクの名物トゥクトゥク。2022年に再訪すると、以前と比べかなり数は減っていたものの、観光地周辺ではよく見かけた。生暖かい風を切りながら、渋滞の中を颯爽と走り抜ける（2014年12月撮影）。

# Thailand : Ayutthaya

アユタヤは417年の間、アユタヤ王朝の都として栄えた古都。栄華を極めた当時の遺跡群は歴史公園として整備され今も保存されている。闇に浮かび上がるワット・プラ・マハータートの荘厳な姿(2007年1月撮影)。

# タイ：アユタヤ

ワット・プララームはアユタヤの中央に位置するアユタヤ王朝初期の寺院。初代のウートン王の葬儀が営まれた場所と言われ、トウモロコシ型の大きな仏塔を中央に、本堂と7つの礼拝堂の跡が残っている（2007年1月撮影）。

# Nepal : Kathmandu

ネパール：カトマンズ

カトマンズはヒマラヤ山脈の中部に位置するネパールの首都。高さ36m、ネパール最大であるチベット仏教の仏塔「ボダナート」の夕暮れ。最も丁寧な礼拝の方法とされる"五体投地"を繰り返す人々が見られた（2014年12月撮影）。

巨大仏塔ボダナートを取り囲むように、土産物屋や仏具を売る店、カフェなどが並ぶ。写真は2階建ての雰囲気の良いカフェ。窓際の席は仏塔に開けているので眺めが良く、ボダナートを鑑賞するには特等席だった（2014年12月撮影）。

ボダナートには満月の夜に多くの信者が詰めかける。周辺では小皿に入れたバターを燃やす"バターランプ"が売られ、無数の明かりが灯されていた。脈々と続く信仰が、夜の幻想的なワンシーンをつくり出す（2014年12月撮影）。

宿泊していたホテルの屋上から、ボダナートを望む。ネパールにおけるチベット仏教の総本山で、中心にはブッダの骨が埋められているという。何か大きなエネルギーを感じる圧巻の存在感(2014年12月撮影)。

建物の周りに置かれたマニ車を回す人々。マニ車とは主にチベット仏教で用いられる仏具。円筒状の筒の中にお経を書いたロール状の紙が入っており、回した数だけ、お経を読んだことになると考えられている(2014年12月撮影)。

# Nepal : Patan

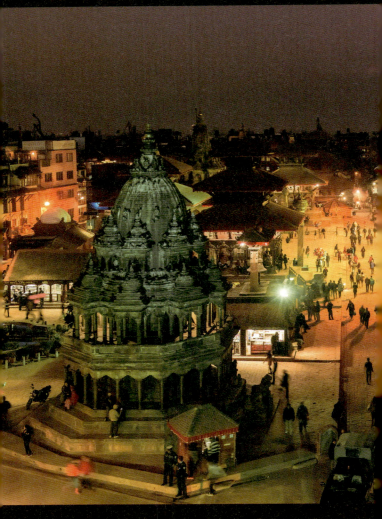

ネパール：パタン

パタンはカトマンズ盆地の南西に位置するネパールの古都。マッラ王国が栄えた時代には首都であった。眺めの良いレストランとテラスからダルバール広場を見下ろす。地元の人たちの憩いの場として賑わいを見せていた（2014年12月撮影）。

ダルバール広場の夜景スナップ。
上：16世紀に建てられたハリ・シャンカル寺院。ヒンドゥー教の神であるシバ神を祀っている。
下：屋上にダルバール広場を一望できるテラス席を設けたカフェ。左はビシュワナート寺院を守る2頭のゾウ。

上:広場を南北に貫くメインストリート。常に多くの人たちが行き来する。
下:広場南側の通りには衣料品店やカフェなどが軒を連ねる。ベンチで談笑するカップル(全て2014年12月撮影)。

# Brunei : Bandar Seri Begawan

# ブルネイ:バンダル・スリ・ブガワン

ボルネオ島の北に位置するブルネイ・ダルサラーム国は、石油や天然ガスの資源が豊富な国。首都のバンダル・スリ・ブガワンには、宮殿のように豪華絢爛なスルタン・オマール・アリ・サイフディン・モスクが建つ(2014年7月撮影)。

スルタン・オマール・アリ・サイフディン・モスクは1958年に建てられた王立モスクのひとつ。大理石や御影石、水晶、ステンドグラスなど、世界中の高級品を使う財を尽くしたつくりだ。ラグーンに浮かぶ船上は、魅力的な撮影ポイント(2014年7月撮影)。

モスク北側の入口付近から。撮影した日はちょうどイスラム教の断食月ラマダンに重なった。ホテルで撮影許可証を受け取ったものの、信仰心が高まるこの時期は、長時間の撮影が難しかった(2014年7月撮影)。

# Vietnam : Da Nang

ベトナム:ダナン

ダナンはフランス植民地時代に栄えたベトナム中部の都市で、2000年初頭からリゾート開発が進む。ハン川には多くの橋が架かるが、特に珍しいのがこのロン橋(ドラゴンブリッジ)。週末の夜には口から火を噴くファイヤーショーが行われる(2015年2月撮影)。

全長666mのロン橋(ドラゴンブリッジ)は、2013年3月に完成。頭部を間近から見上げると大迫力だが、目はハート形で愛らしい。ライトアップは尾のほうから頭にかけて流れるように色が変わっていくプログラムだった(2015年2月撮影)。

ハン川橋は船の航行を可能にするため、夜中に回転する旋回橋。極彩色にライトアップされ水面を華やかに彩る。後ろのトゥアンフォック橋は全長1856mで、ベトナム最長の長さを誇る吊り橋(2015年2月撮影)。

片側3車線と歩道を備えるロン橋(ドラゴンブリッジ)。仕事終わりの時間帯は、特に交通量が増える印象で、オートバイの集団が切れ目なく通り過ぎていく。グリーンにライトアップされた尾の部分が鮮やかに輝く(2015年2月撮影)。

ハン川左岸沿いのABCパークでは、グループで健康体操に興じる人たちや夕涼みを楽しむ人で、ゆったりとした時間が流れていた。ロン橋(手前)と船の帆をイメージしてデザインされたチャンティリー橋(2015年2月撮影)。

# 🇻🇳 Vietnam : Hoi An

ベトナム：ホイアン

国際的な貿易港として栄えた歴史をもつベトナムの古都ホイアンには、現在も古き良き街並が残る。毎月旧暦14日の夜に、旧市街の電気を消して開催されるランタン祭り。灯篭流しと風情を感じる来遠橋(日本橋)に集まる人々(2015年4月撮影)。

トゥボン川とホイアンの街並み。街全体が世界遺産というだけあり、フォトジェニックな風景が点在している。ナイトフォトウェディングの撮影をするカップルを何組か見かけた(2015年2月撮影)。

色とりどりのランタンを売る露店では、欧米の観光客の姿も目に付く。この露店はランタン祭りの期間以外も出店していた。華やかな明かりと陰影がつくり出す夜は、ホイアンの一番の魅力(2015年2月撮影)。

トゥボン川の灯籠流しは毎日体験できるが、特にランタン祭りの当日は地元の子供たちも手伝い、多くの灯籠が売られる。川辺で流すほかに、ボートに乗って水上から流す体験も可能。灯籠はカラフルな紙製で、小さな切り抜き模様が入っている(全て2015年2月撮影)。

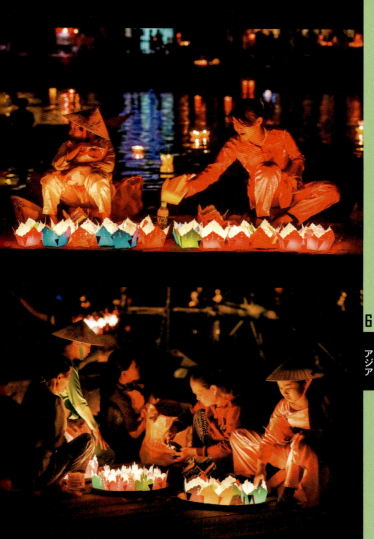

ベトナム／ホイアン

# Vietnam : Ho Chi Minh

## ベトナム：ホーチミン

ホーチミンはベトナム南部に位置する同国最大の都市であり、経済の中心地。約2000軒ものショップが集まるホーチミン最大級のベンタイン市場の夕暮れ。目の前の巨大ロータリーを、オートバイが颯爽と通り過ぎていく(2015年3月撮影)。

フランス植民地時代に建てられたホーチミン人民委員会庁舎。フレンチコロニアル様式の壮麗な建築で、100年以上経った現在でも、当時の華やかな文化を今に伝える。近くからの写真撮影が禁止されていたのが残念だった(2016年7月撮影)。

ホーチミン人民委員会庁舎を起点に南東に伸びるグエンフエ通り。高級ホテルやオフィスビル、レストランが並ぶ華やかなエリアで、中央は幅の広い歩道になっている。両側の植栽がカラフルにライトアップされていた(2016年7月撮影)。

ベンタイン市場近くの大通りを飾るカラフルな電飾。シンプルなつくりだがバランスが良く、特に遠目から眺めると光のトンネルのようで目を引いた。日本では目にすることがない、異国情緒を感じるデザイン（2015年3月撮影）。

サイゴン川では食事が楽しめるディナークルーズが運航している。船上から見るホーチミンの夜景は幻想的。左のビルは、蓮の花のつぼみをかたどったデザインのビテクスコタワー。49階には展望台がある（2016年7月撮影）。

# Malaysia : Malacca

# マレーシア：マラッカ

マラッカはマレー半島南西部に位置し、東西貿易の中継地として栄えたマレーシアの古都。ポルトガル、オランダ、イギリスなどの西洋文化と東洋文化が融合した独自の文化をもつ。オランダ広場で客待ちをするど派手な三輪自転車タクシー（2015年1月撮影）。

中心部を流れるマラッカ川は、かつて貿易船が行き来する重要な交易路だった。オランダ広場の撮影後、川沿いの遊歩道に足を運ぶと、ナイトフォトウェデイングの撮影が行われていた(2015年1月撮影)。

旧市街地の北側は、川が蛇行して流れている。そのため川沿いの風景と橋を併せて撮影できるポイントがいくつかあった。郷愁を誘う外観のオールド・バス・ステーション・ブリッジと小さな遊園地の観覧車は、ミニチュア模型のよう(2015年1月撮影)。

世界遺産の街マラッカでは歴史的建造物のほかにも見所が多い。そのひとつがウォールアート。川沿いの建物に描かれた壁画をのんびり鑑賞しながら、お気に入りのアート作品を探す夜景散歩が楽しい(2015年1月撮影)。

川沿いは各所にイルミネーションが施され、夜はとても雰囲気が良い。遊歩道に設けられたカフェやレストランのテラス席では、夕涼みをしながら談笑するカップルの姿が目立った(2015年1月撮影)。

マレーシア／マラッカ

# Malaysia : Putrajaya

プトラジャヤは首都クアラルンプールの南約25kmに位置する、マレーシアの行政上の首都。自然保護のもと設計された緑の多い「未来型エコシティ」である。通称"ピンクモスク"と呼ばれているプトラモスク（2015年1月撮影）。

高台にあるコンベンションセンター付近から首相官邸を望む。計画的につくられた都市というだけあり、景観は計算されていると感じた。スリ・グミランの直線上に建つ、ライトアップされた首相官邸（2015年1月撮影）。

# マレーシア：プトラジャヤ

首相官邸であるペルダナ・プトラ。ムガール様式のイスラム建築を取り入れた建物で、エメラルドグリーンのドーム屋根が目を引く。官邸に向かいまっすぐ伸びる道路の街灯デザインが斬新だった（2015年1月撮影）。

プトラジャヤに架かる橋はどれも個性的なデザイン。プトラジャヤ湖に架かるセリサウジャナ橋もそのひとつ。橋塔から斜めに張ったケーブルが橋桁につながれた、斜張橋とアーチ橋が合体したような不思議な外観（2015年1月撮影）。

# Malaysia : Kuala Lumpur

マレーシア：クアラルンプール

クアラルンプールは多民族国家マレーシアの首都で、様々な文化が混じり合う国際都市。イスラム文化を意識したデザインの尖塔をもつペトロナス・ツインタワーと、KLCC公園の華やかな噴水ショーとの競演（2018年11月撮影）。

マスジッド・ジャメは、ゴンバック川とクラン川の合流地点に建つ市内最古のモスク。正面では噴水ショーが行われ、絶好のフォトスポットになっていた。後ろのビル壁面を活用した巨大ビジョンも迫力満点（2018年11月撮影）。

クアラルンプール屈指の繁華街ブキッ・ビンタン。大型ショッピングモールをはじめ、ホテル、レストラン、カフェなどが軒を連ねる。モノレールの高架下に設置された、煌々と光るデジタルサイネージが印象的だった（2018年11月撮影）。

スルタン・アブドゥル・サマド・ビル(旧連邦事務局ビル)は、1957年に独立が宣言されたムルデカ・スクエアの対面に建つ。イギリス統治時代からの建物で、銅製のドーム屋根と時計塔をもつレンガづくりの美しい建築(2018年11月撮影)。

夜になると活気が増すブキッ・ビンタン地区のアロー通り。クアラルンプールで一番有名な屋台街で、マレーシア料理はもちろん、中華料理、タイ料理など、様々な国の料理が楽しめる。深夜近くまで賑わいを見せていた(2018年11月撮影)。

マレーシア／クアラルンプール

# 🇰🇷 South Korea : Seoul

大韓民国の首都ソウルは、高層ビルや朝鮮王朝の宮殿など、新旧が融合するアジア最大級の都市。ショッピングやグルメなども人気が高い。夕暮れに郊外の公園から南山とNソウルタワーを望む(2015年3月撮影)。

ソウル中心地の東に位置する鷹峰山は、山頂が展望公園として整備され、非常に眺めが良い。都市高速道路のジャンクションを眼下に、漢江に架かる聖水大橋と川沿いのマンション群の夜景が広がる(2015年3月撮影)。

# 韓国：ソウル

Nソウルタワーには夜景の視点場が点在しているが、写真は愛を誓う無数の南京錠がかけられたスポット。"誓い鍵"は世界各地で目にしてきたが、これほどの数が集中している場所は、おそらくないのではないか？（2015年3月撮影）。

ソウル市内の東大門にある東大門デザインプラザは、デザイン、ファッション産業の発信地。建築家ザハ・ハディドの設計で、アルミニウムパネルで覆われた非線形の未来的なデザインが異彩を放つ（2015年3月撮影）。

# South Korea : Busan

韓国:釜山

韓国南東部に位置する港湾都市の釜山は、国内有数のリゾート地としても知られる。中心地から直線距離で3kmほど東にある荒嶺山は、都市夜景が楽しめる好立地の夜景スポット。標高427mから見下ろす釜山最大の繁華街「西面」のビル群（2019年6月撮影）。

荒嶺山の展望スペースの中でも特に雰囲気が良いのが写真のスポット。高低差のあるウッドデッキが整備され、鑑賞環境は非常に良い。どこからでもスケール感抜群の都市夜景が楽しめる(2019年6月撮影)。

釜山で一番人気のあるビーチリゾート海雲台は、約1.5kmにわたって美しい砂浜が続く。超高層ビルの展望台「BUSAN X the SKY」からは、眼下の海雲台ビーチや冬柏島をはじめ、広安大橋までが一望できる(2023年7月撮影)。

荒嶺山と連なる金蓮山にも展望スペースがあり、ビーチリゾートの海雲台方面や広安大橋の眺望が素晴らしい。広安大橋は吊り橋部分だけでも900mと国内最長。2024年からは新ライトアップがスタートしたようだ(2019年6月撮影)。

「BUSAN X the SKY」100階の展望フロアから北方面を望む。海雲台エルシティ ザ・シャープは、この展望台のあるビルを含め、3棟の超高層ビルからなる複合施設。眼下の派手な照明のビルが、ほか2棟のレジデンスタワー(2023年7月撮影)。

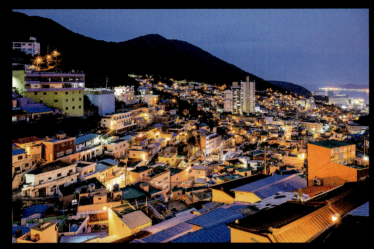

山肌に建ち並ぶカラフルな建物が人気の甘川洞文化村。1950年の朝鮮戦争により北朝鮮から避難してきた人々が移り住んだ集落が、芸術家たちによる町おこしにより観光スポットに生まれ変わった(2019年6月撮影)。

2011年オープン、釜山国際映画祭のメイン会場となった「映画の殿堂」。4万個以上のLED照明が華やかに彩る屋根(ビックルーフ)は、単独の屋根としては世界最大。ギネス世界記録に登録されている(2019年6月撮影)。

南川海浜公園は広安大橋を鑑賞するには絶好のスポット。海側にまっすぐ伸びる遊歩道には藁葺き屋根のような南国風の東屋が設置され、カップルたちが談笑をしていた。可愛らしい街灯のデザインが印象的(2019年6月撮影)。

水営湾沿いに約800m続く海雲台映画通りには、スターの手形やオブジェ、映画関連のパネルなどが展示されている。撮影風景を再現したオブジェの背景に広安大橋が写るポイントは、絶好のフォトスポット(2019年6月撮影)。

# China : Hong Kong

中国:香港

香港は中国南東部に位置する特別行政区で、世界的な金融都市としての顔をもつ。香港を象徴するビクトリア・ピークからの夜景。ビクトリア・ハーバーの両岸を埋め尽くすように建ち並ぶ超高層ビル群(2018年4月撮影)。

香港の代表的な夜景スポットであるビクトリア・ピークを表の夜景と表現するなら、九龍半島のカオルーン・ピーク(飛鵝山)は裏からの夜景。無数のマンション群の明かりが煌々と輝く、世界でここだけの光景が広がる(2018年4月撮影)。

ビクトリア・ハーバーには多くのクルーズ船が運航している。特に目を引くのが、真っ赤な帆をなびかせたアクアルナクルーズ。香港島の超高層ビルをバックに、ジャンク船と呼ばれる伝統的な木造帆船が航海する姿は絵になる(2018年4月撮影)。

カオルーン・ピーク(飛鵝山)から望む九龍と香港島。撮影日は雨と霧で全く景色が見えない悪天候だったが、望みを捨てず待機していると次第に回復。嘘のように晴れわたり、絶景に出会うことができた(2009年5月撮影)。

香港島の中環に建つ中国銀行タワー(左)と香港上海銀行本店(中)。かつてこの2つの間には、ビルの高さや形状を巡り風水戦争が起こった。ライトアップの消灯時に現れた"GOOD NIGHT HK"というメッセージは洒落た演出(2018年4月撮影)。

香港の中心部から高速に乗り空港に向かう途中の青衣大橋付近には、大規模な埠頭エリアがある。オレンジ色のナトリウム灯に照らされた、無数のコンテナとガントリークレーンが並ぶ壮観な夜景（2009年5月撮影）。

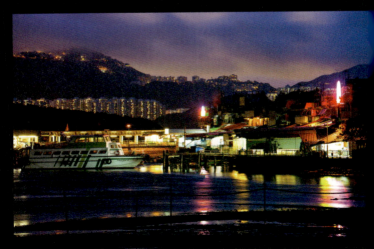

伝統的な中国の漁村風景の残るラマ島の索罟湾。桟橋に降り立つと海鮮料理店が並び、新鮮な魚介類が楽しめた。香港島に戻る途中、海上から目にしたマンション群や中環の超高層ビルが印象に残っている（2009年5月撮影）。

以前は香港の名物だった派手なネオン看板。2010年に建築法が改正され、高さや大きさが制限されたことにより、撤去を余儀なくされた。香港夜景の代名詞のひとつとも言えるこういった風景が消えゆくのはとても残念(2009年5月撮影)。

汀九ビーチから馬湾海峡を横断する青馬大橋(奥)と汀九橋(手前)を望む。このスケールの吊り橋2つが島を介して直角につながっている風景は、世界的にも珍しい。ライトアップの色彩が海面を染める(2009年5月撮影)。

中国／香港

# China : Shanghai

中国：上海

超高層ビルと歴史的建造物が共存する上海。地上474m、上海環球金融中心のスカイウォーク100からは、東方明珠電視塔をはじめとした近未来的なビルや黄浦江沿いに並ぶ外灘（バンド）の洋館建築群が一望できた（2017年6月撮影）。

租界時代に建てられた外灘(バンド)のライトアップ群は、未来的な上海の夜景とは対局の景観をつくり出していた。ドーム屋根の上海浦東発展銀行と時計台のある上海海関大楼。この通りには約1kmにわたり西洋式建築群が並ぶ(2017年6月撮影)。

上海の重要文化財のひとつ豫園商城は、16世紀半ばに建造された明代の古典庭園周辺に広がる商業地域。写真は池に囲まれた伝統的な中国式の庭園。右の超高層ビルは、中国一の高さを誇る632mの上海中心(2017年6月撮影)。

外灘(バンド)の黄浦公園や黄浦江沿いの遊歩道は、対岸の浦東地区に建ち並ぶ超高層ビル群を鑑賞できる絶好のポイント。極彩色の光で飾られたクルーズ船が、上海の夜景を一段と色鮮やかに演出している(2017年6月撮影)。

陸家嘴駅から環球金融中心までは巨大な歩道橋が通っている。世紀大道から見上げると、頭上の歩道橋が鮮やかにライトアップされていた。右のビル群は上海の三大超高層ビル。右から上海中心、金茂大厦、上海環球金融中心(2019年7月撮影)。

# China : Macao

マカオは中国本土の南海岸に位置する特別行政区。珠江河口を挟み香港の対岸に位置する。西望洋眺望台から高さ338mのマカオタワーを望む。西灣大橋のライトアップを待ったが、残念ながら点灯しなかった(2018年4月撮影)。

マカオの象徴ともいえる1970年創業の老舗カジノ「カジノ・リスボア」。隣のグランド・リスボアとは違い、古き良き時代を感じさせる電飾。煌々と輝く欲望のネオンに、吸い寄せられるように集まる人々(2013年9月撮影)。

中国:マカオ

2008年に開業したグランド・リスボアはマカオのランドマーク。高さ258mの高級ホテルで、マカオで最も高い建築物。ミラーボールのような巨大な球体に、ド派手なイルミネーションが展開する(2013年9月撮影)。

1999年までポルトガル領だったマカオには、統治時代に築かれたコロニアル建築が多く残る。世界遺産・マカオ歴史地区の構成資産のひとつ「カテドラル広場」。噴水のある小さな広場で、はす向かいには大聖堂が建つ(2018年4月撮影)。

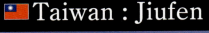

# Taiwan : Jiufen

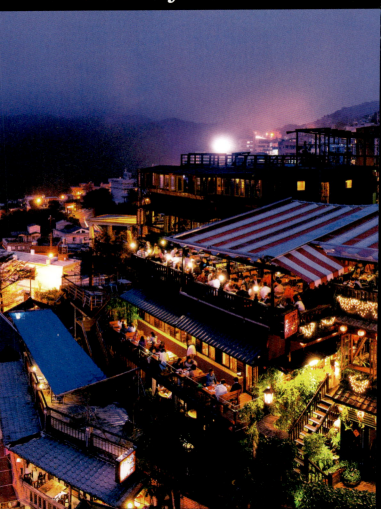

## 台湾／九份

九份はかつて金鉱発掘の街として栄えた歴史をもつ、台湾東北部の山あいの街。石段や狭い路地、提灯などがつくり出すレトロな雰囲気を求め、多くの観光客が訪れる。茶屋のテラスから眺める九份の代名詞ともいえる風景（2014年11月撮影）。

九份の魅力は何といっても懐かしさを感じる路地の風景。入り組んだ狭い石段は、隠れんぼに夢中になった幼少期を思い起こさせる。提灯に明かりが灯りはじめる夕刻は、特にノスタルジーを感じる時間帯(2014年11月撮影)。

九份の高台に位置する九份観景平台。眼下の黄色い建物は道教の寺院である九份代天府。その背後には海と陸が入り組む海岸線が広がる。海と山に囲まれた風光明媚な地形が手に取るようにわかる場所（2014年11月撮影）。

九份老街の入口から約400m続く昔ながらの商店街。狭い通りにひしめき合うように商店が並ぶ。九份の名物料理はもちろん、スイーツなどの食べ歩きや、お土産・雑貨探しなど、歩くだけでも楽しいエリア（2014年11月撮影）。

# 🇹🇼 Taiwan : Taipei

台北は台湾の首都でモダンと伝統が融合する、経済、政治、文化の中心地。象山から高さ509mの超高層ビル台北101を望む。大きな岩の上で夜の時間を楽しむカップル。象山は登山道の入口から約20分、山道の階段を登る(2014年11月撮影)。

自由広場牌樓は広大な自由広場にある高さ30mの白亜の門で、5つのアーチが印象的。正面には中国の元総統・蒋介石を記念して建てられた中正紀念堂、両側には国家戯劇院と国家音楽廳が建つ(2014年11月撮影)。

台湾：台北

1753年に創建された松山慈祐宮は、入口に5つの門、奥方向に3つの殿をもつ、三川五門三進という建築様式で建てられている。龍や鳳凰、古代中国の物語を題材とした屋根の細かい装飾は豪華絢爛。すぐ隣では饒河街夜市が開催される（2014年11月撮影）。

台北から鉄道で約50分、中壢区新明路にある中壢新明夜市は、中央西路口と民権路口との間の全長約700mにわたる桃園県最大の夜市。屋台料理や新鮮な果物をはじめ、洋服や雑貨、生活用品にいたるまで、何でも揃う（2014年11月撮影）。

# 🇹🇼 Taiwan : Kaohsiung

台湾：高雄

台湾有数の貿易港を擁する高雄は、台湾南部に位置する港湾都市。龍の口から入り虎の口から出ることで、これまでの悪行が清められ災いも消えるといわれている「龍虎塔」。カラフルで躍動感のある造形が目を引く（2014年11月撮影）。

上：蓮池潭のある高さ22mの巨大な「北極亭玄天上帝神像」。水上の神像としては東南アジア最大級の大きさ。
下：約42haの蓮池潭は、清国時代に鳳山八景のひとつに数えられていた高雄屈指の観光地。「龍虎塔」や「北極亭玄天上帝神像」もこの湖にある（ともに2014年11月撮影）。

上:「五里亭」は蓮池潭に浮かぶ2階建ての東屋で、「春秋御閣」と約150mの橋で結ばれている。橋の両側には提灯の明かりが灯り、とても雰囲気が良かった。
下:「五里亭」から春秋御閣を望む。後ろには孔子と項羽の主神を祀る「左営啓明堂」が建つ(ともに2014年11月撮影)。

# Myanmar : Yangon

# ミャンマー：ヤンゴン

ミャンマーの旧首都であったヤンゴン。市街北部のシングッダヤの丘には、ミャンマー最大の聖地である黄金の寺院「シュエダゴン・パゴダ」が燦然と輝く。高さ約100mのパゴダ（仏塔）の荘厳な姿には圧倒される（2018年5月撮影）。

シュエダゴン・パゴダの敷地内には大小様々な仏塔や仏像が置かれ、多くの参拝客が訪れる。シュエダゴン・パゴダを中心に東西南北の参拝スポットを時計回りでお参りし、一周すると願いが叶うと信じられている(2018年5月撮影)。

シュエダゴン・パゴダの東に位置するカンドージ湖は、インヤー湖から水を引いた人工湖。伝説の鳥をモチーフにした黄金に輝く船上レストラン「カラウェイパレス」では、ミャンマー伝統の操り人形ショーが楽しめる(2018年5月撮影)。

独立記念塔が建つマハバンドゥーラ公園北側にあるスーレーパゴダ。八角形の建造物で、仏塔内には釈迦の遺髪が納められていると伝えられる。左の白いコロニアル様式の建物はヤンゴン市庁舎（2018年5月撮影）。

宿泊しているホテルの屋上から眺めたシュエダゴン・パゴダ東側エリア。大通り沿いには熱帯果実やパゴダに供える花などを売る数多くの露店が並ぶ。左は人工池のある仏教寺院。信仰心が厚く寺院の数も多い（2018年5月撮影）。

夜になるとさらに活気が増した宿泊ホテル前の通り。食事の屋台以外にも、南国フルーツを売る露店などもあり、とても賑やかだった。上から照らすむきだしの蛍光灯が、アジアの屋台らしい(2018年5月撮影)。

# 7
# アフリカ

人間の営みがなく、
手つかずの大地が多く残るアフリカ大陸。
経済規模の大きな一部の国には、
その想像を覆す夜景がある。
一転、大自然の中にあるような多くの小さな村にも、
まだ見ぬアフリカの夜が存在するのだろう。

# South Africa : Cape Town

# 南アフリカ：ケープタウン

南アフリカ共和国第2の都市ケープタウン。標高670mのライオンズヘッドに登れば、テーブルマウンテンをはじめ360度の絶景が広がる。クライミング並みの場所も含め片道約1時間半。三脚2本と機材を抱えての登山はハードだった（2019年3月撮影）。

3回目のケープタウンで捕えることができた、テーブルマウンテンに落ちる稲妻。夕方にカメラのセッティングをしていると、天気が急変。雨が降り出す前の貴重なタイミングで、数カット写すことができた(2019年3月撮影)。

ウォーターフロントの観光スポットV&Aウォーターフロント。テーブルマウンテンを背景に、食事やショッピングが楽しめるほか、ホテルや美術館もある。写真の建物には、アフリカのお土産を売る雑貨店が入っていた(2019年3月撮影)。

水辺沿いのパームツリーが印象的なテーブルマウンテンの遠景。以前から撮りたいと思っていた風景で、調べたところマンションの所有者が宿泊施設として部屋を提供していることがわかった（2019年3月撮影）。

ライオンズヘッドの山頂付近から北方面を望む。中心地に建つビル群の向こうには、埠頭のコンテナターミナルや石油精製所、ガントリークレーンが並び、ナトリウム灯がオレンジ色の輝きを放つ（2019年3月撮影）。

南アフリカ／ケープタウン

テーブルマウンテンから眺めるケープタウンの大パノラマ。山頂は自然保護が徹底された国立公園で雰囲気も抜群。強風や山にかかる雲（テーブルクロス）でロープウェイは運休することも多々ある。左の尖った山はライオンズヘッド（2019年3月撮影）。

V&Aウォーターフロントに建つビクトリア調のクロックタワーは、1880年代にイギリス人によって建てられたゴシック様式の時計塔。主に港長のオフィスとして利用されていたそうだ（2019年3月撮影）。

テーブルクロス(テーブルマウンテンにかかる雲)とともにやってきた霧が、街全体を覆いはじめる。月の周りに現れた虹色のサークルが神秘的。この場所で2000年初めてのフルムーンに出会った記憶が蘇ってきた(2019年3月撮影)。

トウモロコシの貯蔵庫をリノベーションしてつくられた、アフリカ初の現代美術館ツァイツ・アフリカ。延べ面積6000m²にも及ぶ80もの展示室のほか、上層階にはブティックホテルも併設されている(2019年3月撮影)。

南アフリカ/ケープタウン

# South Africa : Graaff-Reinet

# 南アフリカ：グラーフライネ

グラーフライネは南アフリカ共和国の自然保護区内にある街で、周辺は乾燥した平原が広がる。撮影後ホテルまでの道中は、エンジン音だけが響く静けさの中、約4時間の暗闇ドライブ。鮮明に記憶が残る、今でも思い出深い撮影（1999年1月撮影）。

# Morocco : Fez

モロッコ：フェス

モロッコ最初のイスラム王朝の都であったフェスは、外敵の侵略から守るため、周囲に堅固な城壁を巡らせた。マリーン朝の墓地からは、旧市街フェズ・エル・バリが一望。夕方に流れるアザーンに街全体が包まれた（2006年11月撮影）。

城壁内部のメディナと呼ばれる旧市街は、巨大迷路のように複雑に入り組み、まさに迷宮都市。人とすれ違うのがやっとの狭い路地も多く、1000年以上の時を超え、タイムスリップしたようだった。昼間の喧騒とは対照的に静まり返る夜のメディナ(2006年11月撮影)。

モロッコ／フェス

# 🇲🇦 Morocco : Casablanca

カサブランカはモロッコ北西部に位置し、大西洋に面した同国最大の都市。1993年に完成した世界最大級の高さを誇るハッサン2世モスク。ミナレット（塔）の高さは210mと巨大で、街のいたるところから目にすることができる（2006年11月撮影）。

モロッコ：カサブランカ

街の中枢機関が集中するムハンマド5世広場周辺のライトアップ。
下右：高い時計塔が目印の政府庁舎。
上・下左：郵便局（全て2006年11月撮影）。

# Morocco : Chaouen

シャウエンはモロッコ北部の山中に位置し、青く塗られた家々が集まる風景で"青い街"として知られている。その理由は諸説あり「かつてスペインから追われたイスラム教徒が住みついたから(青はイスラム教にとって神聖な色)」や、「虫除けのため」など定かではないという。夜のメディナ(旧市街)に訪れた静寂の時間(2006年11月撮影)。

モロッコ:シャウエン

# おわりに

　夜景の世界に魅せられ、国内だけではなく海外に足を運ぶようになってから、30年になります。

　夜景フォトグラファーとしてのキャリアをスタートさせた1990年代はまだフィルムカメラの時代。撮影日数に応じて、たくさんのフィルムが必要でした。カメラは35mm、中判、4×5と3台を持ち、加えて三脚は最低2本。今思うと、よくあの荷物を抱え、世界中を飛び回っていたと思います。

　2009年には本格的にデジタルカメラへ移行し、装備は格段に圧縮されました。デジタルカメラは撮影毎にISO感度を変えられるので、動きのある被写体を止めて写せたりと利点も多く、夜景写真における表現の可能性は大きく広がりました。

　夜景フォトグラファーは暗くなってから活動すると思われがちですが、実はそんなことはありません。日中のロケハンが夜景写真のクオリティーに大きく関わるので、〝昼間はのんびり観光〟という訳にはいかないのです。

　僕は基本的に、山上のような高い場所から撮影を始めます。風景写真では、「地形の面白さ」は重要な要素のひとつ。夜にはさらに〝光〟という要素も加わります。夕方に山の上から撮影している時、ぽつぽつと灯りはじめる明かりを見ながら、この土地に人々が集まり街が形成されてきた時間の経過を早回しで想像する"イメージ遊び"をすることもあります。

いったん山を下り街中の撮影に移ると、しばしば酔っ払いに絡まれます。そういう時は、ニコニコして言葉が全くわからない振りをするのが一番です。不穏な空気になっても"敵ではないよ"と言う意思を見せれば、大抵の場合は乗り切れます。ただ今まで全く嫌な思いをしなかった訳ではありません。

　ある時は、空き缶を持った目がうつろな若者に、姿が見えなくなるまで罵声を浴びせられました。とあるヨーロッパの広場では、地元の子供たちが、撮った画像を「消せ、消せ！」と大合唱。その場を収めるために、やむなく削除する羽目になりました。コロナ禍では、アジア人ヘイトに遭い、胸ぐらを掴まれ倒されそうになったことも。

　そんな目に遭った後はやはり落ち込みますが、撮影した写真とともに、無事日本に帰ってくることができれば、それも思い出のひとつとして消化できています。

　僕の夜景フォトグラファーとしての活動は、まだ折り返し地点くらいでしょうか。世界中で命の営みが続く限り、地球上から明かりが消えることはないでしょう。この先どれだけの夜景に出会えるかわかりませんが、活動開始から30年という節目に、『世界夜景紀行』をお届けできることを大変嬉しく思います。

　最後に出版にあたってご協力いただいた関係者の皆様、そしてこれまで僕の活動を支えてくれた全ての皆様に、深く感謝申し上げます。

夜景フォトグラファー<br>
丸田あつし

## PROFILE

## 丸田あつし［まるた・あつし］

夜景フォトグラファー

1968年生まれ。多摩美術大学グラフィックデザイン科卒業、同大学院中退。1994年、グラフィックデザイナーに加え、夜景フォトグラファーとして本格的に活動をはじめる。世界各地の夜の撮影をライフワークに、企業カレンダー、写真専門誌への執筆、フォトイベントのセミナー、週刊誌グラビア他で活動中。実兄である夜景評論家・丸々もとおの全夜景関連出版物をはじめ、2014年からはパナソニック株式会社エレクトリックワークス社の社用カレンダー「世界の景観照明」の撮影を担当。
写真集・ガイド本に『世界ノ夜景』(ダイヤモンド社)、『世界夜景』(中国語・繁体字版／大売文化有限公司)、『亜細亜ノ夜景』『日本夜景遺産 15周年記念版』(ともに河出書房新社)、『日本のイルミネーションBest』(廣済堂出版)、『夜光列車』(光村推古書院)、『夜城』(世界文化社)、『日本の夜景』『東海道夜景五十三次』(ともにエンターブレイン)、『LIFESCAPE 〜息づく夜景』(KADOKAWA)、『夜景のRAW現像マスターガイド』(玄光社)など。
写真展に「写真で彩る"夜のきらめき"」(東京ミッドタウン・FUJIFILM SQUARE PHOTO IS)、「香港夜景写真展 color of wonder」(六本木ヒルズ・ヒルズカフェ)、「世界夜景写真展」(大阪府咲洲庁舎展望台52階アルタヴィスタ)、「世界の夜景」(コニカミノルタ・満天ギャラリー)、「世界の街角夜景」「日本の夜景ベスト30展」(ともにサンシャイン60展望台ギャラリー)、「癒しの下町夜景写真展」(東京電力TEPCO浅草館1階ギャラリー)、「SUPER NIGHTSCAPE」(お茶の水ギャラリー 1/f)、「POWER OF YAKEI Exhibition 〜夜景のチカラ展〜」(江の島サムエル・コッキング苑 UMIYAMA GALLERY) ほか。

※公益社団法人 日本写真家協会会員

【丸田あつし公式サイト】
https://www.nightonearth.jp